**Dislocaciones culturales:
nación, sujeto y comunidad
en América Latina**

ENSAYOS CRITICOS

Dislocaciones culturales: nación, sujeto y comunidad en América Latina

Silvia Rosman

BEATRIZ VITERBO EDITORA

Rosman, Silvia
　　Dislocaciones culturales : nación, sujeto y comunidad en América Latina. - 1ª. ed. – Rosario : Beatriz Viterbo, 2003.
　　160 p. ; 20x14 cm.- (Ensayos críticos)

　　ISBN 950-845-140-8

　　1. Ensayo Argentino I. Título
　　CDD A864

Biblioteca: *Ensayos críticos*
Ilustración de tapa: Daniel García

Primera edición: octubre 2003
© Silvia Rosman
© Beatriz Viterbo Editora
España 1150 (S2000DBX) Rosario, Argentina
www.beatrizviterbo.com.ar
info@beatrizviterbo.com.ar

Reservados todos los derechos. Queda rigurosamente prohibida, sin la autorización escrita de los titulares del "Copyright", bajo las sanciones establecidas en las leyes, la reproducción parcial o total de esta obra por cualquier medio o procedimiento, incluidos la reprografía y el tratamiento informático.

IMPRESO EN ARGENTINA / PRINTED IN ARGENTINA
Queda hecho el depósito que previene la ley 11.723

INTRODUCCIÓN

La búsqueda interrumpida: nación, sujeto, comunidad en la literatura y cultura latinoamericanas

¿En qué radica hoy en día la fuerza e insistencia de la idea de comunidad? ¿Qué pregnancia conserva ésta aún ante la evidencia de su dislocación o de su disolución; a pesar del sexismo, la xenofobia y el racismo que son un testimonio constante de la imposibilidad de concretar la idea de comunidad? Aunque el pensamiento contemporáneo pone en cuestión toda noción de unidad o totalidad inmanente, la relación con el otro, el sentido de la estructura básica del ser-en-común son problemáticas centrales en los debates sobre ética, estética y política. Ahora más que nunca, el simple gesto de desmantelamiento o desmitificación de los conceptos esencialistas que sostienen concepciones tradicionales de comunidad (Nación, Estado, Pueblo, Raza, Identidad, Lengua y Literatura Nacional) se revelan insuficientes, ya que tienden a ser resemantizados y, por ende, conservados como categorías o significantes fundacionales. Dada esta situación, la pregunta que se impone es la de la posibilidad misma de articular una noción no-esencialista de comunidad.

La crítica poscolonial y, más recientemente, las teorías posnacionales, transnacionales y las de la llamada globalización, han intentatado articular formas colectivas que presuponen la quiebra del Estado-nación como garante de identificación comunitaria. Si la nación ya no es, parafraseando la conocida expresión de

Benedict Anderson, la comunidad imaginada, estas teorías postulan, aunque de maneras diferentes, la posibilidad de un "nosotros" en los márgenes, bordes o intersticios de lo que antes llamábamos la nación. Mientras el espacio nacional se definía a través de una serie de exclusiones, esos mismos grupos (migrantes, inmigrantes, minorías) que la nación deja fuera de su unidad imaginaria son los que llevan a cabo su dis-locación. Los contra-relatos de estos grupos vendrían a desafiar la homogeneidad de los relatos nacionales tradicionales. Sin embargo, y a pesar de que afirmen su colapso como concepto definitorio y delimitante, estas teorías del "pos" siguen atadas al concepto de nación. El móvil de los relatos poscoloniales y posnacionales sigue siendo la representación y su propósito fundamental es identificar y localizar el sitio y el agente de la dis-locación *de* la nación.

Estudios recientes en el campo de la crítica literaria y cultural latinoamericanas han comenzado a hacerse eco de esta situación al reconocer los límites y los riesgos de los paradigmas identificatorios. De maneras diversas la crítica ha señalado la dificultad de sostener relatos homogéneos y holísticos sobre la identidad y la identificación en un contexto posmoderno o de globalización. Sin embargo, aunque la crítica contemporánea pone seriamente en duda que la noción de una "comunión con todos los hombres" sea el *telos* final de los textos latinoamericanos, todavía se presupone una particularidad del objeto de estudio cuyo estatuto material e histórico no ha sido explícitamente interrogado: la de la 'literatura latinoamericana', sobre todo cuando el adjetivo funciona como un índice de sustantivación.

El problema parece ser ineludible: ¿cómo estudiar la singularidad de un texto literario o cultural sin fundarlo, sin asignarle un lugar? ¿Cómo hacer que la crítica y la teoría literaria eviten, en su propio discurso, la búsqueda de la identidad que supuestamente están intentando descomponer? La interrogación formulada por Carlos Alonso "¿habrá alguna vez un discurso latinoamericano que ya no esté centrado ni en la cuestión de la identidad ni en la de su desmantelamiento?" puede leerse como un claro síntoma de esta situación.[1] Aunque Alonso busca a todas luces articular una lectura alternativa de los textos literarios y culturales latinoamericanos, reconoce, de la misma manera que la mayoría de la crítica más reciente, que "el tema de la esencia cultural no perderá su influencia" (Alonso, 14).

Dislocaciones Culturales responde a este impasse crítico al explorar las limitaciones de los paradigmas identificatorios, y proponer una "hermenéutica" de la singularidad material e histórica de los textos literarios. El libro plantea que las alegorías de la búsqueda de una identidad, sin importar su tenor híbrido o multicultural, no son el destino último de los textos literarios latinoamericanos, ni tampoco un paradigma crítico autorizador para leerlos.

Una dimensión importante de mi argumento es que la interrupción de los conceptos de identidad y de los relatos de su búsqueda tal como se libran de una lectura de los textos literarios en cuestión, no supone ni su rechazo ni su reinscripción, sino una aguda conciencia de su carácter constitutivamente incompleto y excesivo, dado que lo que se pone en juego en dicha interrupción es la peculiar materialidad de una singularidad histórica y no la plenitud de una categoría identificatoria. Por consiguiente, es posible afirmar que la interrupción de la singularidad literaria despoja los conceptos de identidad y los relatos de su búsqueda de cualquier pretensión pedagógica o ejemplar. Finalmente, al desplazar el tenor del discurso crítico desde la identidad hacia la singularidad, *Dislocaciones Culturales* apuesta a delinear una "hermenéutica" ético-política de la comunidad literaria que se revele múltiple y singular.

Relatos de búsqueda

> *Experimentando los primeros síntomas de la oscura irrealidad general que se avecinaba, buscaban empecinados una respuesta, sin comprender que, insospechadamente, la respuesta estaba en la necesidad que habían tenido de formularse la pregunta.*
> Juan José Saer, *El río sin orillas*[2]

La cuestión de la identidad nacional ha sido leída con frecuencia en términos de un relato de búsqueda. Desde el siglo XIX los países latinoamericanos de la pos-independencia intentaron forjar una identidad capaz de definir su diferencia con respecto a los centros metropolitanos y, al mismo tiempo, de contener las fuerzas internas (grupos mestizos e indígenas, por ejemplo) que prodían poner en duda la unidad de los proyectos *independentistas*.[3] En el ya clásico estudio sobre el género ensayo, Martin S. Stabb concibe la cultura latinoamericana como en búsqueda permanente de su identidad. Para Stabb, escritores tan diversos como Mariátegui, Reyes, Henríquez Ureña y Rodó están en perpetua búsqueda de una clave que pueda dar respuesta al gran interrogante, develar el misterio, curar los males sociales, y hacer posible la tan deseada representación del espacio de la nación como un todo orgánico y homogéneo. Stabb afirma que el "anhelo de comunión con todos los hombres" es un elemento intrínseco a los textos latinoamericanos.[4]

Sin embargo, fiel al concepto de búsqueda en el que la experiencia humana se manifiesta como una aporía (literalmente, una ausencia de camino), las construcciones de identidad han también resistido (aunque no necesariamente desafiado) el paradigma teleológico esquematizado arriba. Para Djelal Kadir, por ejemplo, los relatos de búsqueda de identidad latinoamericana son, de hecho, ficciones [*questing fictions*], ya que la búsqueda se revela como un proyecto espectral: en lugar de cierre, unidad, e identidad, lo que encontramos es errancia y divagación. El hogar, entendido como punto de partida absoluto y como meta o fin del sentido, el "lugar" de identidad por excelencia, es desplazado para siempre: "la búsqueda poética continúa como una incesante peripecia. Productos de un 'otro mundo' situado en las antípodas, estos textos obsesivamente engendran, ostentan y parodian su propia 'otredad,' su propia falta de identidad."[5] Para Kadir, los relatos de búsqueda latinoamericanos repiten sin cesar (cada vez de una manera diferente) la inaugural y errante escena del descubrimiento de Colón y, al hacerlo, "producen algo novedoso por medio de un desplazamiento constante que les permite alcanzar el punto de partida originario, el comienzo" (Kadir, 11). Kadir establece así un límite a la errante búsqueda latinoamericana con el propósito de afirmar una historia auto-generativa y desplazar su estatuto como el Otro del deseo europeo. El discurso crítico y los textos literarios en cuestión entran en una relación especular, ambos buscan afirmar la razón de ser de la búsqueda y, paralelamente, una identidad autónoma y auténtica dada de antemano.

En el corpus crítico sobre la identidad latinoamericana la búsqueda es más que un simple motivo o tema, de allí que sea necesario elucidar las razones de su persistencia. De hecho, como ya lo hemos indicado, la búsqueda y la cuestión de la identidad están inextricablemente ligadas. Este estrecho vínculo se manifiesta de una manera explícita si examinamos la relación entre la búsqueda o viaje y el movimiento mismo del discurso crítico, un *topos* tradicional de la literatura y la filosofía. El epígrafe de Juan José Saer que encabeza esta sección, aunque refiriéndose específicamente a los primeros exploradores de la región del Plata, presenta un modelo del acto crítico que se muestra persistente: la respuesta o el "sentido" que los exploradores buscaban estaba en la búsqueda misma. Trataré de elucidar la aparente tautología de dicho juicio a través de un examen de la teoría del relato de viaje, de su retórica.

Georges Van Den Abbeele establece una conexión entre la figura del viaje y la elaboración de un discurso crítico. Este último supone siempre una economía en cuyo centro se sitúa el hogar [*oikos*] entendido como punto constante de referencia de un origen, fin o meta. Independientemente de cómo se conciba el viaje, ya sea en términos de ganancia (progreso, auto-conciencia, saber) o de pérdida (expropiación, exilio, muerte: el viaje final), el hogar funciona siempre como el comienzo absoluto y el fin de todo sentido o significación. Paradójicamente, el viaje funciona al mismo tiempo como una figura expansiva y limitante, dado que si el origen y el destino o meta permanecen idénticos, ningún tipo de desplazamiento sería posible. Por ende, se puede detectar una tensión entre el concepto económico de viaje, cuyo objetivo es domesticar, hacer que algo o alguien devenga familiar, y el viaje como figura transgresiva y desorganizadora de límites. Esta segunda versión del viaje, inscripta en el corazón mismo de su versión económica, genera divagación y errancia. El hogar, en tanto que *locus* que impone los límites al viaje, corre el riesgo de ser constantemente desplazado.[6]

Es necesario evaluar las implicaciones que la economía del relato de viaje tiene para un proyecto crítico, sobre todo en el caso de los textos latinoamericanos que son a menudo leídos como relatos de una búsqueda. ¿El texto crítico se constituye en tanto que repetición de la búsqueda y, por ende, se condena a seguir su mismo itinerario? En la medida en que la búsqueda es concebida como un espacio de escritura, ésta ya presupone una topografía, la escritura de un espacio demarcado, que en el caso de los textos críticos latinoamericanos a los que nos hemos referido, implicaría el espacio de una identidad latinoamericana dada de antemano. De hecho, las dos modalidades del relato de búsqueda, la de una identidad propia y de una comunión, por un lado, y la búsqueda como desplazamiento o errancia, por el otro, apuntan al *locus* dual del discurso crítico tal como se pone de manifiesto en la economía del viaje esbozada más arriba. Estos relatos de búsqueda son subsidiarios de una figura del *oikos* (hogar) como punto de origen o partida autorreferencial– aún si ese *oikos*, como en el caso de Kadir, prueba ser la ficción de una ficción.

Un examen de la temporalidad del relato de viaje revela la interdependencia que existe entre la búsqueda de la identidad en el discurso crítico latinoamericano y los textos literarios que son su objeto. La búsqueda de una identidad apunta tanto en dirección del carácter de "proyecto incompleto" de Latinoamérica, así como también del caracter único de su esencia. En otras palabras, el discurso crítico le adjudica a la búsqueda de identidad un trayecto expansivo sin fin mientras que, al mismo tiempo, delimita y prescribe la distancia que dicha búsqueda puede cubrir. Se podría decir que aún la forma más tradicional del relato de búsqueda hace de antemano posible una permanente dis-locación y que, simultáneamente, ancla el discurso en una esencia trascendente, ahistórica.

Este *impasse* puede detectarse en la extraña temporalidad de los relatos nacionales. Aquello que debe constituir el hallazgo de la búsqueda de identidad (la respuesta, el significado) debe constituir también la fundación y el fundamento de la nación. Un desplazamiento temporal es inherente a este tipo de búsquedas. Lo elusivo se transforma en el cimiento o fundamento; el porvenir y el pasado inmemorial son conjugados y transformados en una única dimensión-teleológica y escatológica: el fin debe ser el comienzo y el objeto buscado se convierte en esencia inmutable. [7]

Pero, el concepto de nación presupone y está constituido por la aporía misma que habita la búsqueda de una identidad:

> Por un lado, "nación" designa la comunidad moderna liberada de lazos "orgánicos" tradicionales, una comunidad en la que los lazos pre-modernos que vinculan el individuo al estado particular, familia, grupo religioso, etcétera, están rotos –la tradicional comunidad corporativa es reemplazada por el estado-nación moderno cuyos constituyentes son los "ciudadanos": pueblo en el sentido de individuos abstractos, y ya no como miembros de estados particulares. Por el otro, el concepto de "nación" nunca puede ser reducido a un sistema de lazos puramente simbólicos: hay siempre una suerte de "excedente de lo Real" que se adhiere a éste –para definirse a sí misma, la "identidad nacional" debe apelar a la contingencia material de las "raíces comunes," de la "sangre" y de la "tierra." En ultima instancia, "nación" designa al mismo tiempo la instancia por medio de la cual la referencia a lazos tradicionales "orgánicos" se disuelve *y* el "residuo" de lo pre-moderno en la modernidad ..."[8]

La retórica de la modernidad sobre la que reposa el concepto moderno de nación está íntimamente ligada a restos o residuos de paradigmas tradicionales (pre-modernos) de la comunidad. Esta ambigüedad temporal propia del aparato conceptual de la modernidad nos alerta sobre el hecho de que una simple desestabilización, un descentramiento, o una resemantización de los conceptos tradicionales que designan la comunidad son insuficientes, pues dichas estrategias ya están inscriptas en los conceptos mismos. Es evidente que el discurso crítico debe trabajar el marco conceptual de los textos no con el fin de localizar y fijar su significado (aún si ese significado termina siendo la ambigüedad o la paradoja), sino en vistas de establecer los límites de tales localizaciones. En otras palabras, leer los textos no simplemente para socavar o poner en cuestión los fundamentos sobre los cuales éstos reposan, sino también en función de una escritura que vela ante la ausencia de fundamentos o cimientos.

Si, como lo hemos visto, los relatos de búsqueda que son el basamento de la producción literaria, cultural y crítica de Latinoamérica desde el siglo XIX, postulan un punto de referencia a partir del cual leer el viaje emprendido y, de ese modo, anclarlo, definirlo, o comprenderlo de algún modo, entonces es necesario reconocer que viaje y teoría no pueden pensarse separadamente, aún si a primera vista parecen responder a diferentes necesidades. Pero si la erosión de la teoría está también presupuesta en la búsqueda, entonces pensar el viaje *y* la teoría de *otra* manera se revela como un imperativo.

En *The Voice of the Masters*, Roberto González Echevarría no sólo afirma que es necesario ir más allá de las nociones tradicionales de originalidad y unidad de la literatura latinoamericana, sino que también se interroga sobre la forma que puede o debe tomar este abandono de la cuestión de la identidad:

> En el funcionar de la literatura como institución el concepto de cultura es un elemento clave. Si uno remueve el concepto de cultura y su corolario de identidad nacional del lenguaje de la literatura latinoamericana dicha literatura enmudece. Sin embargo, en lugar de contribuir a una elaboración del concepto de cultura, la literatura latinoamericana cobra forma en su intento de desmantelar ese concepto en una estructura opuesta, negativa, que se transforma en su rasgo más destacado y su característica más positiva ... Sin embargo, el propósito de tal examen no debería ser descartar el concepto de cultura y la idea de literatura, sino interpretar el sentido y la lógica interna de sus relaciones mutuas... No se trata de denunciar una mistificación, sino de desmantelar sus mecanismos. Tal desmantelamiento no revelará información alguna sino el substrato crítico de la literatura latinoamericana del que Paz habla. En este substrato, en el que la aparente doctrina se transforma en una

confrontación, los diferentes componentes pululan y palpitan en lugar de plegarse ante la sedante brisa de la doctrina.[9]

González Echevarría reconoce la base ideológica de conceptos tales como literatura y cultura y apela a su desmantelamiento. No obstante, también es posible observar que un desmantelamiento de conceptos no puede ser simplemente de índole ideológico ya que el discurso crítico que los textos latinoamericanos genera restablece un substrato (una fundación o soporte subyacente) gracias al cual aquellos conceptos ya desmantelados serán viables una vez más para el crítico. En otras palabras, el gesto de González Echevarría es doble: mientras que por un lado postula la imposibilidad de utilizar categorías esencialistas para leer los textos latinoamericanos, un gesto paralelo de interpretación del sentido de la relación entre cultura y literatura acompaña dicha postulación. La doble acepción de la palabra "sentido" (significado y dirección) amenaza con reinscribir la economía del viaje que hemos esquematizado más arriba, ya que el sentido puede convertirse nuevamente en un lugar de residencia, un lugar permanente de fundación de aquello que sería delimitado, definido y representado como cultura y literatura latinoamericana.

Las formulaciones de González Echevarría nos obligan a preguntarnos si, dada la relación entre viaje y teoría, es posible hablar de uno sin emplear la sintaxis y la gramática de la otra o viceversa. En otras palabras, ¿por qué viajar si la destinación es ya conocida de antemano o, por lo menos, pre-supuesta? De ser así, ¿habría posibilidad alguna de viaje en la ausencia de un saber previo sobre el desplazamiento, sin una pre-comprensión del destino de tal desplazamiento? ¿Qué se pondría en juego si tal fuera el caso, y de ser así, podríamos todavía hablar de un proyecto crítico?

Comunidad e imaginación

La tensión entre movimiento y estasis no es solamente decisiva para los proyectos de búsqueda de identidad, sino también para todo discurso que piensa la relación entre viaje y teoría. Dicha tensión es, según Homi Bhabha, un componente central de los relatos nacionales, que deben continuamente referirse a la homogeneidad y unidad de su funciones para poder afirmarse como tales. De hecho, aunque las guerras internas del siglo XIX en Argentina eran una prueba de la fragmentación de la nación recientemente formada, Sarmiento proclamaba vehementemente "la República Argentina es una e indivisible."[10]

Benedict Anderson se ha referido a este fenómeno por medio de la expresión "comunidad imaginada" de la nación. La nación, según Anderson, "es imaginada porque los miembros aún de las naciones más pequeñas nunca conocerán a la mayoría de sus compatriotas, ni se encontrarán con ellos, ni sabrán de ellos. Sin embargo, en la mente de cada uno vive la imagen de su comunión."[11] ¿Cuál es la relación entre comunidad y nación y cuáles son las implicaciones de su ser imaginario?

El concepto de sujeto es un elemento constitutivo en los debates de formaciones o construcciones de identidades y, por ende, decisivo para un examen de la cuestión de la comunidad. Es bien sabido que Occidente deriva sus nociones de comunidad de una concepción autogenerativa de sujeto; el sujeto cartesiano cuya independencia de los objetos hace poco probable o imposible toda apelación a una alteridad. La etimología misma de la palabra comunidad es indicativa del problema. Considerada ya sea como *com-munis* (en el sentido de obligación mutua o endeudamiento, como en el caso del contrato social) o como *com-unus* (juntos en unidad), el sujeto inmanente aparece en el centro mismo de la cuestión de comunidad.

En ambas acepciones de "comunidad" el individuo subsume las nociones de colectividad, independientemente del hecho de que ésta sea considerada en términos de fusión plena (comunión, "el pueblo como uno o unidad"), donde toda diferencia es ignorada o anulada, o en términos de contrato social, en el que se presupone la previa constitución de sujetos autoderminados y autónomos que se unen en un segundo momento para constituir una comunidad: "en ambos casos, tanto las teorías organicistas de la comunidad como las contractuales escamotean el esencialismo de un sujeto inmanente a sí mismo, que habla o bien por un todo, o como un todo que precede las partes [*com-unus*], o como una parte que es ya un todo en sí misma antes de encontrarse con otras 'partes' [*com-munis*]."[12]

La noción de comunidad (nacional) imaginada de Anderson es un buen ejemplo de esta inmanencia. El carácter imaginario de la formación nacional hace posible que el sujeto anónimo de la fusión comunal se inserte en el tiempo vacío y homogéneo de la continuidad histórica. Anderson sitúa el siglo XIX de la pos-independencia americana como un período que vive en el "ahora-tiempo"[*Jetzseit*] revolucionario que rompe el continuo, pero este es de corta duración y el tiempo homogéneo y vacío se convierte en la temporalidad dominante de la imaginación de la nación. Sin embargo, Anderson no toma en cuenta el componente repetitivo del discurso nacional y, por ende, la diferencia histórica queda excluida de su esquema.[13] Más decisivo aún es que la temporalidad homogénea de la comunidad imaginada cierra el camino a todo intento de imaginarse diferencias dentro de una misma comunidad. Por ejemplo, el decreto de San Martín de 1821 en el que se declara que las poblaciones indígenas y criollas tenían el mismo derecho de ser llamadas peruanas habla, a las claras, de otra noción de comunidad de aquella que podría haber sido imaginada por aquellos grupos. Esto hace evidente que la comunidad imaginada no es simplemente una "idea abstracta," sino más bien un medio normativo y, a menudo, violento cuyo objetivo es producir homogeneidad. El esquema de Anderson inevitablemente conduce a una concepción de comunidad imaginada como esencia, un fundamento atemporal que subsume toda noción de nación.[14]

Walter Benjamin había ya problematizado la naturaleza totalizante de los relatos historicistas en su "Tesis sobre la Filosofía de la Historia" al sostener que las imágenes fragmentarias del "ahora-tiempo" [*Jetzseit*] interrumpen la noción de historia concebida como un *continuum*. Estas imágenes efímeras y siempre a punto de desaparecer son fragmentos que se suceden sin coincidir uno con el otro. En la medida en que estos son "fragmentos de una vasija rota" que no hacen posible la reconstrucción de una totalidad pre-existente, tampoco pueden éstos dar lugar ni a identidad alguna, ni a una repetición de lo mismo.[15] La noción benjaminiana de *Jetzseit* es retomada por Homi Bhabha en su estudio sobre los relatos nacionales; estudio que, en parte, propone complicar el esquema de Anderson. Bhabha distingue entre relatos pedagógicos y performativos con el propósito de demostrar que estos últimos, característicos de una minoría o grupo oprimido, interrumpen la temporalidad de los relatos nacionales pedagógicos (historicistas):

> El relato pedagógico funda su autoridad narrativa en una tradición del pueblo... encapsulada en una sucesión de momentos históricos que representan una eternidad producida por autogeneración. El relato performativo interviene en la soberanía de la autogeneración de la nación al proyectar una sombra entre el pueblo como 'imagen' y su significación en tanto que signo diferenciador del Yo, distinto del Otro o de lo Exterior".[16]

El relato performativo de Bhabha busca restablecer una dimensión histórica en una temporalidad lineal homogeneizante. Sin embargo, en su esquema la temporalidad performativa que vendría a interrumpir el relato pedagógico por la simple proyección de una "sombra", es decir, sin constituirse en una representación (y por ende abrirse a la posibilidad de transformarse en el par conceptual opuesto que lo excluyó en primera instancia), se manifiesta como las voces babélicas de una minoría y de los oprimidos o, si se quiere, como contra-representaciones. Aunque el performativo de Bhabha está claramente modelado sobre la noción benjaminiana de *Jetzseit*, hay un rasgo crucial que los diferencia. Para Benjamin el discurso narrativo historicista puede ser interrumpido porque el *Jetzseit* es irrepresentable. En el *Jetzseit* hay una contracción del "particular instantáneo, del siempre perecedero *Jetzt* y del durativo, general cronológico *Zeit* –que son reunidos por medio de una abreviación que inicia la noción misma del 'ahora-tiempo'".[17] Sin embargo, en el esquema de Bhabha ambos elementos se transforman respectivamente en lo performativo y lo pedagógico: "la noción benjaminiana de *Jetzseit* implica un pasado lleno de imágenes que no están ni simplemente presentes en o representadas por la historia ... el 'ahora-tiempo' que satura el pasado le presenta una imagen al presente en la cual éste puede reconocerse a sí mismo. Hace que el presente advenga o emerja ... Ya que, estrictamente hablando, no se trata ni de una disyunción, ni de una connexión; el *Jetzseit* no puede ser pensado de una manera substancial, ni siquiera negativamente."[18]

La noción de fragmentaridad histórica de Benjamin convierte el juicio de Anderson según el cual las naciones "engendran la necesidad de relatos de 'identidad'"[19] en una afirmación problemática. Las imágenes que el *Jetzseit* produce son ilegibles y, por consiguiente, irrepresentables; como tales, vendrían a marcar la imposibilidad de todo relato. El *Jetzseit* de Benjamin no puede ser identificado, no es una conciencia o una imaginación, no *es*. Y, aunque Bhabha claramente complica el esquema de Anderson, su lectura de la interrupción del "ahora-tiempo"[*Jetzseit*] de Benjamin también depende de una noción de representación.[20]

Persiste, sin embargo, la cuestión sobre el estatuto crítico de esos textos que no pueden ser localizados ni dentro de los relatos nacionales tradicionales ni como su otro negativo; es decir, como contra-relatos que dependen de los mismos discursos que intentan desafiar o resistir. ¿Es posible leer la singularidad de textos literarios y culturales sin recaer en el gesto paralelo de identificar y re-inscribir esas localizaciones que ellos mismos no producen?

Inspirados en la crítica poscolonial, estudios recientes sobre la globalización, el transnacionalismo y lo posnacional buscan pensar una práctica cuya premisa central es que la soberanía nacional ya no ofrece los parámetros geográficos o culturales que hagan lícita una lectura de textos culturales. Los llamados "nuevos estudios franceses" y "nuevos estudios americanos", por ejemplo, rechazan el verticalismo y las estructuras totalizantes que el pensamiento y los relatos de la metrópolis impusieron sobre los que han quedado excluidos de los relatos nacionales tradicionales. El énfasis en la globalización o lo poscolonial vendría a contrarrestar nociones homogeneizantes de identidad comunes a los conceptos de "francité" o del "excepcionalismo norteamericano."[21]

Los relatos posnacionales se diferenciarían de los relatos poscoloniales en la creación de un espacio propio, que ni forma parte de las narraciones tradicionales ni se excluye (aunque permanezca incluido) de ellas, como en la formulación de Bhabha. En palabras del Donald Pease, "estos actos narrativos no han ratificado ni el poder soberano del estado ni afectado la inclusión de personas sin estado dentro de los relatos ya existentes. Han, en cambio, materializado lo posnacional en tanto límite que persiste en el lugar preciso donde las personas sin estado no han todavía aceptado el poder del estado y éste no las ha integrado al orden nacional ... estos actos narrativos ocurren como un doble distanciamiento (un intervalo extensivo) del poder estatal y de los grupos marginados del estado."[22] Aunque tal tipo de afirmación habla a las claras de la necesidad de pensar una producción cultural autónoma que no dependa ya de definiciones de nación verticalmente impuestas por el estado (para así dar lugar a prácticas revolucionarias o de resistencia), se abstiene de conceptualizar cómo lo posnacional necesariamente descompone las funciones normalizadoras o localizantes que son la adquisición principal del discurso poscolonialista. Es decir, por un lado, los relatos posnacionales buscan demostrar cómo el margen deshace el centro, manteniendo así la centralidad de los conceptos mismos que se están poniendo en cuestíon y que, supuestamente, han sido des-estabilizados y, por el otro, mantienen el estatus quo de esos grupos no metropolitanos o marginalizados todavía al servicio de ese centro.

Desplegando los mismos términos que Bhabha, uno podría preguntarse si los contrarrelatos también podrían deconstruir su propio discurso pedagógico (o aún reconocer su propia inclusión en ese tipo de discurso). Si la crítica admite con facilidad que los relatos poscoloniales o posnacionales desestablizan la narrativa nacional tradicional, uno debería preguntarse también si no pueden desestablizar los llamados textos marginales, escritura de minorías, literatura del tercer mundo, etc. –categorías que preservan lo poscolonial como tal. Es decir, en última instancia ¿es posible producir textos culturales y literarios no-metropolitanos sin que estos se dejen identificar en un regimen oposicional, dentro o fuera de los bordes, límites, fronteras del estado y/o la nación?.

¿O es que simplemente están destinados al legado colonial del cual supuestamente ya se despojaron? De capital importancia en mi discusión sobre la comunidad, y para una re-evaluación de la función que los conceptos de sujeto y representación juegan en ella, es que los paradigmas posnacionales, a pesar del prefijo pos- que vendría, en teoría, a designar un después o más allá del concepto normalizador de nación y, más importante aún, a pesar de las migraciones, cruces transnacionales y de las nomadologías que algunos de estos paradigmas presuponen, todavía postulan un lugar o fundamento sobre el cual inscribir lo posnacional. Para Pease, "el término posnacional funciona en diferentes registros —narrativas posnacionales, narratividad nacional, narración poscolonial— que espero, en un segundo momento, transmutar en las variables que *fundamenten su terreno*. Posnacional designa el lugar entre la nación y el estado que es atravesado por estos actos de narración múltiples y heterogéneos. Estas actividades narrativas inscriben al 'pueblo' dentro de un espacio que no es ni orgánico ni contractual, ni es el origen ni el fin de la nación, sino que se localiza *entre* lo nacional y estos diferentes actos narrativos."(Pease, 2) En los paradigmas críticos posnacionales el rechazo explícito del concepto de nación no va de par con su continua dependencia conceptual.

Aunque comprometidos a explorar la particularidad de una producción cultural libre de las cadenas del estado-nación (que marginaliza, ignora o violentamente excluye a segmentos de la población que no componen el cuadro de la unidad imaginaria), los paradigmas críticos de lo posnacional no indagan suficientemente el estatuto de la representación y del sujeto. Y si bien desde el punto de vista ideológico estos paradigmas están claramente opuestos a las estrategias de contención política producidas desde el estado-nación, son subsidiarios de conceptos normalizadores y pedagógicos. El desafío, entonces, sigue siendo cómo articular un pensamiento no fundacional y no-esencialista de la comunidad basado en una relación ética con el otro y en la exigencia política de un "nosotros." Más crucial todavía es la cuestión de cómo elaborar formas de comunidad que no dependan de lo que Jacques Rancière llama el orden policíaco, el "orden general que organiza la realidad tangible en la que los cuerpos son distribuidos por medio de una regulación de sus manifestaciones, una configuración de emplazamientos y propiedades espaciales en las que los primeros son distribuidos."[23] Si el orden policíaco identifica y localiza, estructura y legitima (asigna a cada uno un lugar y un nombre), abiertamente o no, es necesario pensar una noción de comunidad que no participe de la lógica de este orden y lo perpetúe inadvertidamente.

En lo que concierne a la comunidad, la filosofía y la teoría política posmarxista contemporánea responde a muchas de los mismos interrogantes articulados por la crítica poscolonial, posnacional y de la globalización, pero a diferencia de aquellas pone en cuestión toda forma directa de representación y tiende a privilegiar procesos de subjetivación en lugar de construcciones de identidad. En línea con este acercamiento, *Dislocaciones* explora múltiples expresiones de "ser en común", articulaciones de comunidad que no pueden ni ser reducidas a posiciones sustantivas ni consideradas como fundamento de lo social: lo "en común" está siempre abierto a ser re-definido. Y porque ser "en común" es, paradójicamente lo que se comparte (tú y yo, tú eres yo) y lo que divide (tú eres totalmente otro con respecto a mi persona), no puede darse ni en un lugar común (*locus communis*) ni por medio de actores sociales claramente identificados (a partir de criterios de pertenencia nacional, de clase, étnica ni aún lingüística).[24]

Como veremos más adelante, tal manera de concebir la comunidad no deja indemne al discurso crítico dado que su articulación se da como un exceso de lo teórico. A contrapelo de la pulsión teórica que busca regular, delimitar y definir su objeto de estudio, "ser en común" es precisamente lo que excede el horizonte de la representación. Por dicha razón, "ser en común" es, ante todo, *poético* ya que hace posible el evento imprevisible—una constante reconfiguración de sentidos que, para Rancière, es la condición necesaria para articular una política democrática radical: "afirmar la naturaleza poética de lo político significa ante todo que lo político es un acto de reconfiguración de lo que se da a lo sensible".[25] Los textos literarios y culturales entonces arrojan importantes datos sobre articulaciones de comunidad que no estén atadas a formas sedimentadas de identidad o de representación.

Identidad y representación en las culturas latinoamericanas

En su *Transculturación narrativa en América Latina*, Angel Rama sostiene que el concepto de representación ha sido el principio ordenador de la producción literaria desde la Independencia.[24] Esto explica la proliferación de textos latinoamericanos en los que un individuo es el personaje central de los relatos de construcción de una nación (de su desarrollo, crisis y anhelos) y cuyo propósito central es la definición del "ser nacional". Esta expresión remite no sólo a la localización del sujeto –decisiva para una definición del concepto de ciudadano–, sino que también denota una dimesión ontológica que homologa el sujeto nacional a un sujeto trascendente.[26] El individuo, en tanto que sinécdoque de la nación, aparece ya en obras tan tempranas como el *Facundo* de Sarmiento, así como también en textos más tardíos como *El hombre que está solo y espera* (1931) de Raúl Scalabrini Ortiz y *Perfil del hombre y la cultura en México* (1934) de Samuel Ramos.[27] En estos textos la identidad es concebida como una meta orientada hacia el futuro, como lo vimos en el paradigma de la búsqueda, pero también como una esencia atemporal.

Según Rama, la originalidad y la representatividad (el carácter "único" que sostiene el paradigma de la búsqueda) se constituyeron en términos operativos de la producción cultural en virtud de la necesidad que la Latinoamérica independiente tenía de romper, tanto política como culturalmente, con su pasado colonial; situación que queda bien resumida en las palabras de Simón Rodríguez: "o lo creamos o erramos."[28] De hecho, como Julio Ramos observa, siguiendo a Rama, la literatura se transforma en el medio a través del cual la naciente Latinoamérica del siglo XIX pudo, paradójicamente, ser definida y expresada. El caso ejemplar de José Martí es significativo del lugar que la literatura tuvo en la configuración y representación de la identidad y la unidad latinoamericana:

> Opuesta a los saberes "técnicos" y a los lenguajes "importados" de la política oficial, la literatura se postula como la única hermenéutica capaz de resolver los enigmas de la identidad latinoamericana. Martí solía decir que no habría literatura hasta que no existiese América Latina. Si la identidad no es desde siempre un dato externo al discurso que lo nombra –si la forma, la autoridad y el peso institucional del sujeto que la designa determinan en buena medida el recorte, la selección de los materiales que componen la identidad– acaso hoy podríamos decir, recordando a Martí, que no habría Latinoamérica hasta que no hubiese un discurso autorizado para nombrarla. La literatura cargaría con el enorme y a veces imponente peso de esa *representatividad*.[29]

La nación y la literatura participan, entonces, en una relación especular que ya comienza a debilitarse en la primera mitad del siglo XX. Y aunque Rama afirma que la representación y la originalidad siguen siendo principios organizadores de la producción literaria durante el período que va de 1910 a 1940, es necesario señalar que los desarrollos de las tecnologías de reproducción ponen seriamente en cuestión las posibilidades de representar la nación.

En la década del cuarenta el fenómeno de la reproducibilidad técnica presenta un desafío a tales proyectos y provoca una interrogación sobre el estatuto de la imagen, ya que ésta comienza a exhibir un poder que desplaza las posibilidades representativas de la palabra escrita y la posibilidad misma de escribir la comunidad. La dimensión política de la literatura va desplazándose paulatinamente del concepto de representación, mutación que tiene implicaciones directas sobre el lugar casi paralelo que ésta ocupaba en la esfera de la cultura.

La problemática de la representación se magnifica en el terreno del lenguaje literario. En la conferencia "El idioma de los argentinos" (1927) Borges rechaza el "buen decir" de la *Gramática de la Academia Española*, que revela ser una herramienta inútil para el escritor argentino. Borges sostiene que:

> La riqueza del español es el otro nombre eufemístico de su muerte. Abre el patán y el no patán nuestro diccionario y se queda maravillado frente al sin fin de voces que están en él y que no están en ninguna boca.[30]

Borges rechaza el juicio de Andrés Bello para quien "la gramática de una lengua es el arte de hablarla correctamente..."[31] y, por ende, el principio normativo para mantener la unidad de una cada vez más dispar América. Con Borges ya estamos lejos de la tarea adámica que Martí le atribuía a la literatura: la de dar nombre y, en el acto de nombrar, constituir la identidad y el lugar; concepción que no haría de Latinoamérica más que el doble especular de la literatura. Lo cual, por supuesto, deja abierta la cuestión de la singularidad de lo que llamamos textos latinoamericanos. Si a pesar de las aporías que constituyen la búsqueda de la identidad, toda búsqueda depende de una definición *a priori* de los fundamentos que la sostengan, y si la postulación de esos fundamentos (sea ya como hogar, substrato crítico o representación) es precisamente lo que mantiene el paradigma de la búsqueda intacto, entonces una interrupción de la búsqueda libraría una singularidad sin fundamentos. Tal singularidad se modularía bajo la modalidad de lo que no puede ser completamente incorporado en una economía de la representación y bajo las figuras del otro, del exceso, de la traducción y del desorden. La singularidad será expuesta una vez que dejemos de referirnos a ellos como "textos latinoamericanos", cuando los textos no sean restringidos a una definición cultural pre-establecida. Lo "latinoamericano", término que debe necesariamente ser preservado, sería la invención permanente y por venir del otro una vez que el inventario de rasgos de un "latinoamericanismo" cultural es desmantelado.

Sin duda esta es una idea difícil de aceptar ya que como críticos nuestro discurso se ve autorizado precisamente por el marco interpretativo que le asignamos a nuestro objeto de estudio. Pero es precisamente en la imposibilidad de definir, de delimitar, que algo que podría llamarse comunidad puede exhibirse. Un cierto tipo de comunidad que Maurice Blanchot llama la "comunidad inconfesable": una comunidad incompleta, en la que ninguna comunión puede tener lugar, y que jamás se postula a sí misma como el fin o la finalidad misma. Por lo tanto aquí no se trata de una comunidad desmitificada —más inclusiva o diversa— (sin importar cúan legítimas, deseables y ponderables estas características puedan ser), sino de "ser en común", en el que la preposición "en" ya no funciona como un índice localizador capaz de fijar y definir el lugar donde situar lo común. "En" vendría a marcar el límite de toda localización y, por ende, daría a leer una serie de posibilidades e imágenes de aquello que todavía está por venir.[32]

El objeto central de *Dislocaciones culturales* lo constituye una serie de textos de Alejo Carpentier, Octavio Paz, Ezequiel Martínez Estrada y Jorge Luis Borges, escritos entre 1940 y 1950. Durante este período estos escritores confrontan un mundo desgarrado por dos guerras mundiales, por los efectos del fascismo europeo y de sus variedades locales, por cambios políticos y sociales masivos que experimentan las sociedades latinoamericanas, así como también por la ruina de una serie de certezas epistemológicas y hermenéuticas que disciplinas emergentes como la sociología, la antropología y los nuevos desarrollos de los medios de comunicación masivos empiezan a generar. Refiriéndose a la novela latinoamericana de este período, Jean Franco señala que el concepto de nación empieza a perder su poder como marco interpretativo: "la identidad individual y colectiva ...eran como cáscaras de las cuales la vida había desaparecido."[33] Las décadas de los cuarenta y cincuenta son un momento histórico decisivo para estudiar cómo los escritores latinoamerianos repiensan la noción de comunidad una vez que los paradigmas tradicionales comienzan a perder su pregnancia.

El énfasis en la producción literaria y cultural de esas dos décadas es estratégico, ya que permite indagar la validez de ciertas lecturas vigentes de la historia cultural latinoamericana según las cuales ésta aparecería suspendida entre un discurso teleológico propio de la modernidad y una globalización posmoderna cuyo único referente válido sería el mercado de bienes culturales. El corpus de textos que analizo libra articulaciones de la comunidad que complican la totalizante y a menudo violenta homogeneidad de la identidad (o la diferencia), la prioridad del Sujeto y la localización de la cultura. Sin embargo, por no estar simplemente anclados en una epistemología negativa, los textos en cuestión están a la escucha de la singularidad de la experiencia histórica y, por ende, ofrecen articulaciones positivas para pensar la comunidad. En otras palabras, estos escritores exploran modos de "ser en común" (la relación comunitaria) cuando la noción de *un* ser común (una concepción totalizante y monística de la comunidad) ya se revela insostenible. Leídos todavía a menudo ya como partidarios de una particularidad regional (Carpentier, Martínez Estrada) o de una universalidad cosmopolita (Paz, Borges), estos escritores descomponen nociones binarias y estáticas, paso previo fundamental para hacer posible una reflexión sobre las dimensiones éticas y políticas de la literatura y de la cultura. La desestabilización de binarismos que estos textos emprenden erosionan la coherencia interna del orden del saber. Por tal razón, leo dichos textos en términos de "para-disciplinaridad", ya que al desplazar los conceptos que han servido para regular el saber sobre los textos latinoamericanos, también desplazan las fronteras disciplinarias (y disciplinantes) por medio de las cuales dichos saberes son transmitidos. De esta manera, es lícito afirmar que estos textos producen una rearticulación de la relación entre estética y política.

Finalmente, dichos textos suscitan una serie de interrogaciones que constituyen el andamiaje argumental de este libro y que tocan al estatuto del arte o lo estético tras la violencia que la noción fascista de comunidad produjo en Europa y en sus formas vernaculares; al de la función del escritor o el intelectual una vez que la función magisterial (pedagógica) que le ha sido adscripta desde el siglo XIX ya no es viable; a la posibilidad misma de articular una identidad a la sombra de los movimientos diaspóricos que cambian la constitución de lo que antes pudo haberse llamado la nación y, finalmente, a la posibilidad de la escritura de la comunidad cuando los efectos de los medios de comunicación masivos y la centralidad de la imagen ponen en duda la posiblidad misma de narrar la nación.

Notas

[1] Carlos Alonso, *The Spanish American Regional Novel, Modernity and Autochthony*. Cambridge: Cambridge University Press, 1990, 14.

[2] Juan José Saer, *El río sin orillas*. Madrid: Alianza, 1991, 46.

[3] Sobre la identidad como ideología de contención, ver Alberto Moreiras, "Pastiche Identity, and Allegory of Allegory" en Amaryll Chanady, ed., *Latin American Identity and Constructions of Difference. Hispanic Issues*. Vol. 10 Minneapolis: University of Minnesota Press, 1993) y Josefina Ludmer, *El género gauchesco. Un tratado sobre la patria*. Buenos Aires: Sudamericana, 1988.

[4] Martin S. Stabb, *In Quest of Identity: Patterns in the Spanish American Essay of Ideas, 1890-1960*. Chapel Hill: University of North Carolina Press, 1967, 220.

[5] Djelal Kadir, *Questing Fictions: Latin America's Family Romance*. Minneapolis: University of Minnesota Press, 1986, 5.

[6] Véase Georges Van Den Abbeele. *Travel as Metaphor: From Montaigne to Rousseau*. Minneapolis: University of Minnesota Press, 1992.

[7] Véase Alonso (1990), su más reciente *The Burden of Modernity: The Rhetoric of Cultural Discourse in Spanish America*. Oxford: Oxford University Press, 1998), y Homi Bhabha, "DissemiNation: Time, Narrative, and the Margins of the Modern Nation" en *Nation and Narration*. H. Bhabha, ed. London: Rooutledge, 1990.

[8] Slavoj Zizek, *For They Know Not What They Do. Enjoyment as a Political Factor*. Londres: Verso, 1991), 20. Formulaciones análogas, aunque desde perspectivas críticas diferentes pueden encontrarse en Ernesto Laclau, "Universalism, Particularism and the Question of Identity" en *Emancipation(s)*. London: Verso, 1996 y Jacques Derrida, *The Other Heading. Reflections on Today's Europe*. Bloomington: Indiana University Press, 1992.

[9] Roberto González Echevarría, *The Voice of the Masters. Writing and Authority in Modern Latin American Literature*. Austin: University of Texas Press, 1985, 8-9 y 40.

[10] D. F. Sarmiento, *Facundo o civilización y barbarie en las pampas argentinas*. Buenos Ares: CEAL, 1979, 26.

[11] Benedict Anderson, *Imagined Communities. Reflections on the Origin and Spread of Nationalism*. London: Verso, 1996, 16.

[12] Van den Abbeele desarrolla dicho paradigma en el primer capítulo de *Travel as Metaphor*.

[13] Edward Said, *Culture and Imperialism*. New York: Alfred A. Knopf, 1993 y H. Bhabha critican el modelo temporal histórico de Anderson. Otro elemento importante ausente en el esquema de Anderson es la relación entre imaginación e inconsciente. Para Anderson la imaginación es siempre consciente e intencionalmente deseada y ejecutada.

[14] En *The Imaginary Institution of Society*, Cornelius Castoriadis puntualizó esta característica de las formaciones imaginarias que "postula[n] la colectividad como existente, como una substancia definida que perdura más allá de las

moléculas perecederas [y] llena[n] esta función de identificación por medio de una ... referencia imaginaria a una 'historia común'", 148.

[15] Walter Benjamin, "Thesis on the Philosophy of History", *Illuminations*. New York: Schocken Books, 1969.

[16] Bhabha, 299. Otra distinción importante es que mientras para Benjamin el *Jetzseit* es la temporalidad de las clases revolucionarias o de la revolución, para Bhabha es la temporalidad del discurso de las minorías y oprimidos.

[17] Aris Fioretos, "Contraction (Benjamin, Reading, History)," *MLN*, 110 (1995), 564.

[18] Fioretos, 563.

[19] Anderson, 205.

[20] Algunos críticos sostienen que una noción de "lo irrepresentable" es regresiva ya que implicaría un rechazo de la idea de representación de minorías y, por ende, mantendrían intactas las estructuras de poder. Sin embargo, el concepto de *Jetzseit* de Benjamin puede ser considerado como parte de una larga tradición del pensamiento crítico cuyo objetivo es pensar una desestabilización permanente de las estructuras de poder sin sucumbir a una epistemología negativa que, aunque manifieste una resistencia a esas estructuras, corre el riesgo de mantenerlas intactas.

[21] Véase Emily Apter, *Continental Drift: From National Characters to Virtual Subjects*. Chicago: University of Chicago Press, 1999.

[22] Donald Pease, "National Narratives, Postnational Narration," *Modern Fiction Studies* 43:1 (1997), 7-8.

[23] Jacques Rancière, *Disagreement: Politics and Philosophy*. Minneapolis: University of Minnesota Press, 1999, 28.

[24] Véase Jean-Luc Nancy, *The Inoperative Community*. Minneapolis: University of Minnesota Press, 1991. Para una discusión de la expresión "ser en común", véase Phillipe Van Haute, "Law, Guilt and Subjectivity: Reflection on Freud, Nancy and Derrida" en *Deconstructive Subjectivities*. S. Critchley y P. Dews, eds. Albany: SUNY Press, 1996.

[25] Citado en David Panagia, "Ceci n'est pas un argument: An Introduction to the Ten Theses" en *Theory & Event* 5, no.3:2.

[24] Véase Angel Rama, *Transculturación narrativa en América Latina*. México: Siglo XXI, 1982.

[26] Para una historia de la expresión "ser nacional" tal como fue desarrollada en la tradición del ensayo latinoamericano, ver Martin Stabb; Roberto González Echevarría; Jaime Rest, *El cuarto en el recoveco*. Buenos Aires: Centro Editor, 1982; Medardo Vitier, *Del ensayismo americano*. México: FCE, 1945; Robert Mead, *Breve historia del ensayo en la América Hispana*. México: DeAndrea, 1956; Pedro Henríquez Ureña, *Las corrientes literarias en la América Hispana*. México: FCE, 1954.

[27] Hay en las letras argentinas una larga tradición del individualismo. Casi siempre se trata de un sujeto masculino que representa a la nación: *El hombre que habló en la Sorbona* de Alberto Gerchunoff; *El hombre que tuvo una idea* de Alberto Laplace; *El hombre que silba y aplaude* de Méndez Calzad; *El hombre que volvió a la vida* de José León Pagano; *El hombre que camina y tropieza* de A.

Cancela y *El hombre de las ciencias ocultas* de Roberto Arlt. Ver David Viñas, 1996, en especial el Capítulo VII: "Martínez Estrada, de *Radiografía de la pampa* hacia el Caribe." La función del género en la consolidación de las identidades nacionales en Latinoamérica ha sido examinado por Doris Meyer, 1996. Para un análisis de la definición del papel del género en teorías metafísicas de la comunidad, ver Luce Irigaray, "The Eternal Irony of the Community" en *Speculum of the Other Woman*. Ithaca: Cornell University Press, 1985.

[28] Citado en Angel Rama, 20.

[29] Julio Ramos, *Desencuentros de la modernidad en América Latina. Literatura y política en el siglo XIX*. México: FCE, 1989, 16.

[30] Jorge Luis Borges, "El idioma de los argentinos" en *El idioma de los argentinos*. Buenos Aires: Seix Barral, 1994, 141.

[31] Andrés Bello, "Gramática castellana" en *Obras Completas*. Caracas, 1951, 321.

[32] Véase Maurice Blanchot, *La communauteé inavauable*. Paris: Minuit, 1983 y Jean Luc Nancy (1991).

[33] Jean Franco, "The Nation as Imagined Community" en *The New Historicism*, ed. H. Aram Veeser. New York: Routledge, 1989, 204-212.

CAPÍTULO I

**Viaje y teoría en *Los pasos perdidos*
de Alejo Carpentier**

Quisiera haber vivido en el tiempo de los verdaderos
*viajes, cuando un espectáculo aún no malgastado,
contaminado y maldito se ofrecía en todo su esplendor...
En fin de cuentas soy prisionero de una alternativa: o antiguo
viajero enfrentado a un prodigioso espectáculo del que nada o
casi nada aprehendería ... o viajero moderno que corre tras los
vestigios de una realidad desaparecida... Víctima de una doble
invalidez, todo lo que percibo me hiere y me reprocho sin cesar
por no haber sabido mirar lo suficiente.*
Claude Lévi-Strauss, *Tristes Tropiques [Tristes trópicos]*

*La escritura fue en su origen la voz de un individuo
ausente; y la morada un sustituto del vientre materno, el primer
hogar...*
Sigmund Freud, *La civilización y sus descontentos*

La crisis a la que Lévi-Strauss hace referencia en *Tristes Trópicos* se cifra en las limitaciones del discurso antropológico y en el hecho de que su viaje será un fracaso inevitable. El viaje confunde y complica toda hermenéutica, ya que en su economía se hospeda, como un cuerpo extraño, una aporía. Por un lado, el viaje requiere y demanda un discurso expansivo y errante, promesa de una acumulación progresiva e ilimitada de saberes, trazado de un territorio a partir de un punto de partida fijo y pleno, mientras que, simultáneamente, se ve compelido a anclar ese discurso, a limitarlo e identificarlo para preservar la integridad del punto de origen.[1]

Para un gran número de textos latinoamericanos (tanto ficcionales como críticos) que hacen del viaje simplemente un tema, las exploraciones coloniales y las conquistas del Nuevo Mundo son un punto de referencia inevitable. Esto se debe a que las crónicas y cartas de Cristóbal Colón y Hernán Cortés ya ponen en escena los dilemas retóricos de todo relato de viaje o de búsqueda de identidad futuros. El momento fundacional de la historia latinoamericana se convierte, para la crítica, en la condición de posibilidad de la producción literaria de la región. No sólo porque el expansionismo europeo dio lugar a lo que ahora llamamos América Latina, sino también porque la literatura latinoamericana se auto-constituye, según las diferentes entonaciones de este relato crítico, en la repetición, denegación o superación de esa "fundación" errante.[2]

Alejo Carpentier enuncia esta tesis en un discurso sobre el barroco y lo real maravilloso, en el que sostiene que el escritor latinoamericano ha superado el mutismo de Cortés ante la extrañeza americana:

> Pero ante los futuros hechos insólitos de ese mundo de lo real maravilloso que nos esperan, no habremos de decir ya, como Hernán Cortés a su monarca: "Por no saber poner los nombres a las cosas no las expreso." Hoy conocemos los nombres de las cosas, las formas de las cosas, la textura de las cosas nuestras: sabemos dónde están nuestros enemigos internos y externos; nos hemos forjado un lenguaje apto para expresar nuestras realidades, y el acontecimiento que nos venga al encuentro hallará en nosotros, novelistas de América Latina, los testigos, cronistas e intérpretes de nuestra gran realidad latinoamericana.[3]

Lo barroco y lo real maravilloso, definidos como modalidades complementarias, son, para Carpentier, las expresiones de un continente que no ha sido conquistado ("domado" es la palabra que el escritor cubano prefiere); que se rebela ante toda ley, precepto o institución.[4] Pero lo que es decisivo en estas "expresiones americanas," para parafrasear a Lezama Lima, es que las palabras y las cosas finalmente coinciden. Si los colonizadores y conquistadores tuvieron que recurrir a la analogía y a las comparaciones con modelos europeos o, como en el caso de Cortés, fueron presa de un mutismo, la fuerza revolucionaria de la literatura latinoamericana radica en ser la narración de un continente que coincide consigo mismo, donde la fuerza mimética de las palabras hacen de la expresión un medio transparente y, por ende, genuinamente americano.

Dada la caracterización que Carpentier hace de la función del escritor latinoamericano como cronista, testigo o intérprete de su realidad maravillosa, parecería que su búsqueda finalmente ha llegado a su fin y que la tan añorada identidad ha sido localizada, que las aporías que habitan toda búsqueda de identidad han sido resueltas de una vez para siempre. Las reflexiones de Carpentier sobre lo real maravilloso y el barroco buscan poner fin a la imperiosa necesidad de viajar. La inversión y transformación del mutismo de Cortés ante la realidad americana encuentra su realización más acabada en la proliferación barroca o en la expansiva ornamentación arquitectónica ("nucleos proliferantes") en la que todos los espacios vacíos son colmados. En el esquema de Carpentier el barroco americano como contra-conquista vendría a re-escribir la fundación de América Latina pero esta vez como autoconstituyente: "espíritu" y "conciencia" del ser americano como sitio de la identidad misma, el *oikos*, punto de partida y al mismo tiempo de llegada.

Es en el prefacio a *El reino de este mundo* que por primera vez Carpentier establece una relación entre viaje y teoría. El viaje a Haití de 1943 es la ocasión propicia que le permite a Carpentier nombrar lo real maravilloso como parte esencial de la vida americana. Lo real maravilloso se contrapone a los experimentos literarios de la vanguardia (especialmente los de los surrealistas) que, según Carpentier, utilizan una técnica artificiosa para problematizar lo real: "... me vi llevado a acercar la maravillosa realidad recién vivida a la agotante pretensión de suscitar lo maravilloso que caracterizó a ciertas literaturas europeas de estos últimos treinta años."[5] Lo real maravilloso se define en términos de una diferencia dicotómica entre el arte (pensado en relación al artificio, Europa, lo falso y lo ahistótico) y la vida, que en el esquema de Carpentier es propiamente histórica y, ante todo, americana. Esta oposición binaria entre el arte y la vida, la naturaleza y el artificio, diferencias que fueron problematizadas en su momento por los mismos proyectos poéticos de vanguardia que Carpentier critica, y a que años antes se suscribía, relega el arte al lugar de un producto falsamente mimético y extranjero, no apto para captar de manera inmediata los elementos auténticos y originarios de la vida. Sin embargo, como veremos en nuestra lectura de *Los pasos perdidos* (1953), novela que la crítica latinoamericanista ha leído como emblemática de la búsqueda de la identidad, las consideraciones sobre la función y el papel de la literatura y del escritor latinoamericanos propuestas por Carpentier no pueden ser sostenidas. Lo que parece ser una vuelta a los orígenes, a una América Latina primordial donde el narrador espera re-descubrir la autenticidad que no encuentra en su "propio" mundo, es constante e inevitablemente socavada por la retórica del viaje que la teoría misma de la novela debería validar y sostener. Se trata, entonces, de un viaje que hace posible la teoría, pero que, al mismo tiempo, veda toda inmediatez.

Las dificultades con las que el narrador se enfrenta al escribir o narrar América Latina (y omito la preposición "sobre" para deliberadamente subrayar el intento de fundar América Latina nuevamente por medio de una escritura cuyo objeto es nombrar la realidad latinoamericana en su inmediatez), frustran el proyecto estético que la novela postula. Pero además estas dificultades vienen a marcar los límites y las limitaciones de una teorización de ese objeto de análisis llamado América Latina. De hecho, *Los pasos perdidos* nos confronta con una serie de interrogantes que también han signado a la crítica literaria y que tocan a la retórica y economía misma del relato de viaje como metáfora de la teoría: ¿por qué viajar si el punto de llegada ya es sabido o por lo menos supuesto de antemano? Aunque a primera vista la respuesta parecería obvia, la pregunta abre la posibilidad de concebir una versión diferente del viaje en la cual un saber sobre la destinación dado de antemano ya no sería un principio organizador. Pensar lo que vendría a subyacer a esta versión del viaje y a su posible "traducción" en proyecto crítico es el objetivo de este capítulo: saber si la crítica literaria y cultural puede pensar "más allá" de la noción de lugar que el objeto de estudio, en tanto objeto, reclama.

Con frecuencia la crítica ha señalado que la fracasada búsqueda de autenticidad del narrador de *Los pasos perdidos* es la "respuesta" al proyecto poético enunciado en el prefacio a *El reino de este mundo*.[6] *Los pasos perdidos* vendría a demostrar que la función que Carpentier le asigna al artista latinoamericano en su prefacio de 1943 no puede concretarse.[7] Este fracaso del narrador se explica en términos de las dicotomías que el mismo Carpentier establece en el prefacio y, sobre todo, por la falta de inmediatez que el acto de escribir supone.[8] La escritura (entendida como la crónica o el diario de viaje del narrador) sería lo que impide un acceso no-mediado a lo que es natural, inmediato y verdadero. En la naturaleza misma de la escritura se cifran el destino y el fracaso del artista moderno. Tal noción de escritura, que presupone una relación de secundariedad en relación con lo "auténtico" y "original" ha prevalecido en la literatura occidental desde Platón.[9] La escritura se convierte en el chivo expiatorio de una empresa que no podría llevarse a buen término sin ella, pero que sólo habría tenido éxito si no se la hubiera hecho intervenir.

La crítica sitúa *Los pasos perdidos* dentro del marco del barroco americano, de lo real maravilloso, o como parte del Boom latinoamericano de los años sesenta, aunque la novela se publicó en 1953. Leído en el contexto de estos hitos de la historia literaria, la novela sería, en el primer y segundo caso, un ejemplo contundente de la superación del escritor latinoamericano de los límites impuestos a la expresión de la realidad americana por el lenguaje del colonizador. En el tercer caso la novela sería una puesta en escena compensatoria de una identidad literaria continental frente a una modernidad que amenaza con arrasar con el lugar mismo de lo literario. En todas estas posiciones críticas la afirmación de una identidad americana se lee como un *aprés-coup*, como un trabajo de duelo por una plenitud ya desde siempre perdida.

Sin embargo, estas lecturas críticas se abstienen de considerar que en *Los pasos perdidos* la teoría que debería sostener al relato no cuaja: el narrador no puede identificar el camino que le permitiría acceder al origen, un mundo latinoamericano, premoderno, anterior a la caída. En esta novela "Latinoamérica" no funciona como un signo que pueda ser leído y descifrado en la plenitud de su manifestación. Además en la medida en que el narrador no puede constituirse en el héroe-escritor adámico de estos relatos críticos, el lugar de lo literario, y más específicamente el de la escritura, persiste como problema. El emplazamiento mismo de la novela dentro de las aspiraciones culturales del barroco y del boom, por ende, debe ser sometido a una reevaluación. En otras palabras, si lo literario en *Los pasos perdidos* no funciona al servicio del fundamento de la identidad, entonces Carpentier, y seguramente a su pesar, estaría proponiendo otra manera de pensar la relación entre escritura y teoría y la noción de cultura que la subtiende.

Signos equívocos

En *Los pasos perdidos* el narrador ensaya las diferentes modalidades discursivas del relato de viaje. Por esta razón, su narración es por momentos la de un turista, un descubridor, un aventurero, un etnólogo, un novelista y un periodista. Tal como lo indicamos en la Introducción, la economía del relato de viaje establece un lugar trascendental, el hogar, que opera como punto de partida y de retorno; foco semántico que dicta que todo desvío o errancia se reinscriba en dicha economía y que, por ende, se constituya en el garante y sostén del viaje.

La novela comienza el primer día de las vacaciones del narrador y el viaje aparece situado bajo la modalidad del turismo. Un encuentro casual con el curador de un museo, antiguo amigo y mentor del narrador, le resuelve la ardua tarea de decidir cómo ocupar su tiempo libre: "la tarea encomendada podía ser llevada a buen término en el tiempo de mis vacaciones."[10] La proximidad de las modalidades del viaje turístico y del viaje en general aparece tematizada en el rechazo de la sugerencia de Mouche (amante y acompañante de viaje del narrador), quien sugiere que el narrador obtenga instrumentos "falsos" para el Curador. Mouche no desea visitar la jungla y quiere convertir el viaje de exploración y descubrimiento en un viaje de placer y, aunque el narrador acepta la idea en un primer momento, luego la rechaza; gesto que marca definitivamente su posición dentro de la economía del relato de viaje:

No seguiríamos viviendo la estafa imaginada por mi amiga ... Lo más sencillo, lo más limpio ... era emplear el tiempo de las vacaciones que me quedaba cumpliendo con el Curador y con la Universidad, llevando a cabo, honestamente, la tarea encomendada (199).

Hacia el final de la novela el narrador dice "hoy terminaron las vacaciones de Sísifo" (414), reafirmando así que la economía del viaje es el marco teórico e ideológico de la novela, en el que se despliegan las aporías de la búsqueda de la identidad y las de la relación entre viaje y teoría.

Las aporías de la economía del viaje se despliegan en la novela en relación con un texto de viaje ejemplar en la literatura occidental, *La odisea* de Homero. Ulises, la figura paradigmática del viajero, abandona su casa para emprender un viaje en búsqueda del saber y la gloria y, tras una serie de pruebas y experiencias que lo llevan al borde de la muerte, retorna a su casa y a su mujer, Penélope. La narración cuenta la historia de una pérdida inicial del hogar, que luego es recuperada tras el retorno de Ulises. La economía del viaje de Ulises toma la forma de un círculo cerrado.

De la misma manera que Ulises, el narrador de *Los pasos perdidos* también emprende un viaje de descubrimiento, pero a diferencia de Ulises no es una figura que encarna el ápice de la razón helénica sino la bancarrota de la razón instrumental moderna.[11] Las referencias intertextuales a Homero aparecen explícitamente tematizadas a lo largo de la novela: Yannes, el minero griego, le regala una copia de *La odisea* al narrador como emblema de su amistad y éste decide escribir un Treno basado en ese mismo texto. Además, el viaje del narrador imita el periplo del texto griego y funciona en vistas de un retorno al punto de partida, a una recuperación de lo perdido. De hecho, aunque el narrador emprende su viaje en reacción a su existencia inauténtica en una ciudad moderna, se embarca en un viaje por la selva no en vistas de deshacerse o de desplazar el concepto de hogar, sino para definirlo de una manera más auténtica y plena. El narrador desea encontrar un "verdadero" hogar, que pondrá fin a la necesidad o al deseo errante; un hogar que, en última instancia, pondrá fin al viaje.

Como es el caso con el Adelantado de Santa Mónica de los Venados, el narrador de *Los pasos perdidos* también quiere convertirse en un fundador, domesticar la selva y establecer un hogar:

> Fundar una ciudad. Yo fundo una ciudad. Él ha fundado una ciudad. Es posible conjugar semejante verbo. Se puede ser Fundador de una ciudad. Crear y gobernar una ciudad que no figure en los mapas, que se sustraiga a los horrores de la época, que nazca así, de la voluntad de un hombre, en este mundo del Génesis (322).

Para alcanzar su meta, el narrador proyecta casarse con Rosario y establecer, como Ulises, una economía circular del hogar que gire en torno a Penélope. Al rechazar a sus copiosos pretendientes es Penélope quien asegura la propiedad (en ambas acepciones de esta palabra) del hogar, garantizando así el proceso de recuperación llevado a buen término por Ulises tras su retorno a Itaca. La domesticación de la mujer es una de las maneras de poner fin a la errancia del viaje: la diferencia sexual es un elemento necesario para preservar la integridad de la figura del hogar (*oikos*).

Pero como veremos más adelante, la novela constantemente problematiza las diferencias entre el acto de fundar y la experiencia del encuentro o hallazgo y, por ende, complica el proceso de localización que la formulación de un origen y el establecimiento de un hogar supondrían. De hecho, la noción de lugar, *oikos*, es, como ya hemos visto, comienzo y fin del sentido y, como el epígrafe de Freud que abre este capítulo bien lo expresa, el hogar tradicionalmente aparece asociado con el seno materno. Por tal razón la función de Rosario es crítica en el proyecto estético del narrador. En ella se juega la posibilidad de un hogar más auténtico en contraste al que el narrador experimentaba en su vida con Ruth y, por ende, la posibilidad de que el acto de fundar y la experiencia del encuentro o hallazgo coincidan.[12] Pero, esta coincidencia prueba ser una imposibilidad dado que Rosario rechaza el papel de Penélope.

Cuando al final de la novela el narrador pregunta por Rosario, Yannes le dice que ella se casó con Marcos, el hijo del Adelantado, y que pronto tendrá su hijo, agregando en un castellano "helenizado" cuya sintaxis básica hace resaltar la ruptura de la ecuación: "Ella no Penélope" (412). Esta frase negativa es crucial ya que marca la distancia que separa al texto griego de la situación del narrador de *Los pasos perdidos*. En el primero la constante presencia y vigilia de Penélope garantizan la posibilidad misma del retorno de Ulises a ese hogar domesticado que sirve de punto de referencia de su periplo. Penélope es el personaje que reconoce a Ulises; es ella quien verifica, asegura y autentifica la identidad del extranjero que dice ser su marido por medio de una serie de preguntas que Ulises debe ser el único en saber responder. En última instancia, Penélope busca signos o señales inequívocas que harían que las palabras y las cosas coincidan y que (literalmente) se re-establezca una presencia perdida.[13]

Pero a diferencia de Ulises, el narrador de *Los pasos perdidos* no puede dar signos o señales inequívocas y menos aún leerlos, dado que éste es una especie de semiólogo fracasado. Es precisamente su incapacidad de leer los signos (las tres V inscriptas en el tronco de un árbol que marcan la entrada a Santa Mónica de los Venados) que impide que el narrador pueda concluir su viaje por la selva como un viaje al origen ("a la semilla"), al suyo y al de América Latina. Los signos que deberían hacer posible el retorno a su "hogar" son elusivos:

> Con la vista fija en los troncos, busco, a la altura del pecho de un hombre que estuviera de pie sobre el agua, la incisión que dibuja tres V superpuestas verticalmente, en un signo que pudiera alargarse hasta el infinito . . . Pero pongo tanta atención en mirar, en no dejar de mirar, en pensar que miro, que al cabo de un momento mis ojos se fatigan de ver pasar constantemente el mismo tronco. Me asaltan dudas de *haber visto* sin darme cuenta; me pregunto si no me habré distraído durante algunos segundos; mando volver atrás, y sólo encuentro una mancha clara sobre una corteza o un simple rayo de sol (404).

En el espacio de América hay algo que desafía la identificación y aún al mismo acto de interpretar.[14] Por esta razón, la búsqueda de una autenticidad por parte del narrador va a contrapelo de las teorías sobre la función de escritor latinoamericano que el relato formula: "comprenderlo todo, anotarlo todo, explicar en lo posible" (342).[15] De hecho, la escena de las tres V condensa las aporías inherentes a toda búsqueda de identidad. El viaje a Santa Mónica de los Venados, que promete ser el tramo final del viaje y el que pondrá fin al deseo mismo de viajar, se convierte, como la cita lo indica, en una escena de vaivenes y de distracciones. Esta etapa final del periplo que debería hacer coincidir viaje *y* teoría y, al mismo tiempo, recompensar los trabajos y penurias del narrador con el hogar deseado es, en cambio, indefinidamente pospuesta, diferida.

En esta escena, las tres V denotan la plenitud que el narrador busca (son la marca de esa plenitud) y, a la misma vez, funcionan simplemente como un signo —la marca de una ausencia, la imposibilidad de colmar esa plenitud. En la medida en que estas marcas literalmente no marcan (están sumergidas bajo el agua), no pueden ser ni localizadas ni identificadas y, por ende, no hacen posible que se instituya la economía circular del viaje. El hecho que las marcas no sean visibles sugiere que no pertencen al orden de lo fenoménico o al de la presencia.

Mary Louise Pratt señala que *Los pasos perdidos* revierte muchos de los "signos de valor" ("value signs") de la invención de América de Alexander Von Humboldt, de su arrogante postura imperialista en tanto que agente dador de sentido.[16] En la novela de Carpentier, la descripción de la naturaleza remite "a una plenitud no de descubrimiento sino de desconocimiento, un mundo que la conciencia metropolitana está inadecuadamente preparada para descifrar o aceptar" (196). Se podría argumentar además que interpretar la lectura de la naturaleza que hace el narrador de *Los pasos perdidos* como desconocimiento y falta de desciframiento equivaldría a reinscribir la novela dentro de una dialéctica de presencia/ausencia/, descubriemiento/no-descubriemiento, etc., que la novela misma está poniendo en cuestión, aún a pesar suyo. Leído de esa manera Carpentier seguiría siendo un Humboldt, aunque no tan exitoso como su predecesor.

Si los signos y marcas que deberían permitir la entrada a una "auténtica" realidad latinoamericana no adquieren tal significación y no pueden cumplir esa función porque son ilocalizables (están escondidos, son secretos), entonces, la unidad buscada es constantemente diferida. De hecho, los tiempos verbales de este pasaje marcan una oscilación entre el pasado perfecto y el presente ("miro," "busco" y "haber visto") que destina la búsqueda de la identidad latinoamericana a posponerse indefinidamente y apuntan a un origen que podría no haber ocurrido y que, por esta razón, no puede hacerse presente. La crítica ha señalado que la imposibilidad de fijar un significado estable e inequívoco a la búsqueda de la identidad latinoamericana resulta en un continuo recomenzar que le adjudicaría al escritor la libertad de crear sus propios orígenes, de tomar control de su propia historia. En esta lectura, el recomenzar de la búsqueda de la identidad sería una repetición no dictada por la lógica de lo mismo. Es este repetido comienzo de la búsqueda de la identidad que ha dado lugar, según la crítica, a las ficciones literarias que llamamos literatura latinoamericana.

¿Cuáles son las implicaciones y efectos de este continuo recomenzar? Primero, la formulación de una fundación de la literatura latinoamericana. La postulación de un lugar (punto de origen –sea en los márgenes, el entre-lugar, auto-constituido o referencial) desde el cual prescribir y definir normas y modelos de lecturas de los textos literarios.[17] Segundo, la necesidad de la conciencia del autor capaz de determinar el punto de origen de la "nueva" narración, manteniendo así la noción de fundamento intacto. Y, finalmente, la transformación de la búsqueda fracasada en una dialéctica que transforma el fracaso en victoria: producción de una nueva verdad, o posibilidad de producción de un significado trascendental. Estas alternativas son problemáticas y la cuestión sigue siendo cómo leer las búsquedas de identidad que fracasan, o mejor, cómo determinar, de manera afirmativa, la resistencia de cierto discurso crítico a ese fracaso.

La escena de las tres V discutida más arriba enmarca el relato de viaje retroactivamente, ya que ocurre al final de la novela; una vez leída la escena del fracaso es necesario retrazar la ruta emprendida por el narrador y repensar los conceptos que permitieron que la teoría avanzara al ritmo del viaje. Es necesario decidir si retrazar los pasos (aún los pasos perdidos) vendría a implicar que nuestro propio intento será un fracaso o, como lo señalamos más arriba, si el texto crítico está destinado a repetir el destino de la búsqueda. En otras palabras, si desmantelar los conceptos y figuras que estructuran a un texto literario implica convertirse en prisionero de esos conceptos, ¿hay alguna manera de escapar a la búsqueda de una identidad?

El narrador de *Los pasos perdidos* busca una re-apropiación de la presencia por medio de la visión, de una cierta concepción de la música y, consecuentemente, por medio del lenguaje. Pero en la novela estos concepciones muestran sus límites internos: las aporías constitutivas que les permiten desplegarse pero que, al mismo tiempo, vienen a frustrar su plenitud. Es sólo al leer esos límites que es posible problematizar la jerarquía u orden de conceptos y, por último, pensar la relación entre viaje y teoría. Este es un protocolo decisivo para una crítica cultural y literaria que desea evitar la re-inscripción o re-semantización de los mismos conceptos que constituye como su objeto. Si el viaje, de alguna manera, siempre excede a la teoría, entonces debemos dejar de pensar la teoría o el viaje en relación a un lugar fijo. ¿Cómo se escribiría ese tipo de crítica?

Visión y ceguera

En el epígrafe de Lévi-Strauss que encabeza este capítulo, la visión, aunque facultad imperfecta, desempeña un papel decisivo en el proyecto del antropólogo: captar la inmediatez de la experiencia como experiencia de un Otro. El régimen escópico al que la antropología de Lévi-Strauss pertenece privilegia la visión como forma de adquisición de conocimiento y sentido. La percepción, en su vertiente ocular, haría posible la experiencia de lo inmediato y garantizaría la identidad de lo actual.[18]

La modalidad de la visión que suscribe el narrador de *Los pasos perdidos* no es ajena a este régimen escópico y es subsidiaria de la noción platónica de mímesis, desplegando, consecuentemente, alguno de los lugares comunes de tal tradición como es el caso de la doble alternativa entre una imitación auténtica y otra perniciosa,[19] que en la novela es desarrollada de forma dicotómica y hasta casi banal. La mímesis perniciosa se asocia con el mundo del teatro al que pertenece Ruth, y también al de los artistas que el narrador conoce en la primera parte de su viaje en la casa de la mujer canadiense. Esos "inauténticos" artistas latinoamericanos desean imitar la última moda parisina sin prestar la menor atención a la realidad que los rodea. La mímesis auténtica es pensada en relación al proyecto musical del narrador (antes de abordar su teoría musical, es necesario concentrarnos en la visión). Para el narrador la palabra tiene una relación directa y natural con el modelo; es la plenitud misma.

En *Los pasos perdidos* la visión juega un papel central en el viaje al origen. De hecho, en el sexto y último capítulo de la novela, el garante del éxito del proyecto es la visión:

> Lo que *he visto* confirma ... la tesis de quienes dijeron que la música tiene un origen mágico. Pero ésos llegaron a tal razonamiento a través de los libros ... yo, en cambio *he visto,* cómo la palabra emprendía su camino hacia el canto ... (333, mi énfasis).

La visión no sólo prueba la verdad de una experiencia o una teoría, es la esencia misma de la existencia y una facultad fundacional; la visión es creación y el corazón mismo de la significación: "lo hecho no acababa de estar hecho mientras otro no lo mirara. Pero bastaba que uno solo lo mirara para que la cosa fuera, y se hiciera creación verdadera por la mera palabra de un Adán nombrando" (376).

Esta noción mimética del lenguaje postulada por el narrador, en la que existe una relación especular entre las palabras y las cosas, es curiosamente puesta en duda en la novela. En sus observaciones sobre la fauna selvática que el Fraile le muestra, el narrador dice:

> Inclinado sobre el caldero demoníaco, me siento invadido por el vértigo de los abismos; sé que si me dejara fascinar *por lo que aquí veo,* mundo de lo prenatal, de *lo que existía cuando no había ojos,* acabaría por arrojarme, por hundirme, en ese tremendo espesor de hojas que desaparecerán del planeta, un día, sin haber sido nombradas, sin haber sido recreadas por la Palabra ..." (338, italics mine).

Lo que remite a un tiempo que pre-data a la visión amenaza con borrar la experiencia de lo inmediato que el narrador busca preservar. Como en la escena de las tres V, parece haber algo suplementario o excesivo en la selva que desestabiliza la búsqueda del origen y la auto-presencia del narrador. La posibilidad de poder ver está en el origen de las palabras, pero es también su fin. El fracaso de la visión se hace evidente al final de la búsqueda del narrador, cuando éste intenta localizar el signo que le permitirá la entrada a Santa Mónica de los Venados. Las tres V que marcan el fracaso final de la búsqueda de la identidad del narrador son signos que escapan la visión, son precisamente lo que él no puede ver.

En esta escena, la visión es presa de un juego vertiginoso de espejos y reflejos que amenzan con desarticular el orden lógico y temporal de la mímesis que sostiene la novela. La posición de las tres letras sobreimpuestas verticalmente ("una penetraba dentro de la otra") parece repetirse al infinito de la misma manera que la experiencia del narrador en ese pasaje cavernoso de la selva que supuestamente le permitirá volver a Santa Mónica de los Venados:

> [a]l cabo de algún tiempo de navegación en aquel caño secreto, se producía un fenómeno parecido al que conocen los montañeses extraviados en las nieves: se perdía la noción de la verticalidad, dentro de una suerte de desorientación, de mareo de los ojos. No se sabía ya lo que era del árbol y lo que era del reflejo. No se sabía ya si la claridad venía de abajo o de arriba" (291-2).[20]

Esta *mise en abîme* se repite a lo largo de la novela a tal punto que la realidad latinoamericana que el narrador dice presentar "por primera vez" sólo puede leerse como un efecto de la reproducción: el narrador construye las escenas de la selva como si fueran escenas teatrales, simulacros. En la secuencia de los petroglifos, el narrador ve trazos y marcas que representan las figuras de escorpiones, pájaros y otros signos que no puede descifrar, pero recibe "una explicación inesperada" del Adelantado ya que esos signos que supuestamente representan una realidad diferente a la suya, remiten a la historia del diluvio y del Arca de Noé. Con algunas variaciones, esos signos cuentan, como dice el Adelantado, "los mismos cuentos" (329). Y si bien el narrador acepta la explicación del Adelantado, pesa una sospecha sobre su estatuto: historia o ficción. La ironía final de la escena de los petroglifos radica en que los signos y las marcas que el narrador ve con el Adelantado prefiguran su impotencia frente a las tres V al final de la novela. Es decir, el narrador ve pero no entiende una escritura que no sucumbe ante una cripta acuática, pero es incapaz de ver los signos que coincidirían con el propósito de su viaje, la búsqueda de identidad.

La música de la naturaleza

El tratamiento de la naturaleza y lo natural (auténtico, original, sin mácula) gira alrededor de la cuestión de la música, problemática recurrente en los textos de Carpentier,[21] musicólogo y lector de los escritos de Jean Jacques Rousseau.[22] Rousseau sostiene que no hay música antes del lenguaje: la música nace en el mismo momento que las palabras, es expresión de las pasiones y el origen de la sociedad. En la novela, el narrador busca replicar esta teoría rousseauniana en la composición musical que comienza a escribir en la selva: un Treno basado en *La odisea* de Homero:

> Yo buscaba ... una expresión musical que surgiera de la palabra desnuda, de la palabra anterior a la música ... y que pasara de lo hablado a lo cantado de modo casi insensible, el poema haciéndose música ... Yo había imaginado una suerte de cantata, en que un personaje con funciones de corifeo se adelantara hacia el público y, en total silencio de la orquesta ... comenzara a decir un poema muy simple, hecho de vocablos de uso corriente, sustantivos como hombre, mujer, casa, agua, nube, árbol, y otros que por su elocuencia primordial no necesitaran de adjetivo. Aquello sería como una verbogénesis. (347)

Este deseo de asistir al nacimiento de la música y de las palabras presupone un concepto de voz y de habla como orígenes de la sociedad. La idea de una relación transparente y no-mediada entre mundo y representación, entre las palabras y las cosas, está en el centro mismo de la concepción de mímesis como resemblanza natural. El narrador de *Los pasos perdidos*, en su búsqueda de una relación no-mediada con el mundo primordial latinoamericano busca crear una música que sea la naturaleza misma.

Es por medio del Treno, un "performance" que se asocia con el rito, la magia y la resurrección ("hacer volver un muerto a la vida") (350), que el narrador busca crear su "verbogénesis." Es la muerte, entonces, la que dará vida a la palabra, que la hará presente. En este sentido, el proyecto musical del narrador suscribe a un modelo tradicional de representación en el cual lo ausente se hace presente. Por esta razón el narrador quiere basar el Treno en el *Prometeo desencadenado* de Shelley: "la liberación del encadenado, que asocio mentalmente a mi fuga de allá, tiene implícito un sentido de resurrección, de regreso entre las sombras, muy conforme a la concepción original del treno…" (350).[23] Pero al no tener el texto de Shelley a mano, debe utilizar *La odisea*, de la cual selecciona precisamente el Libro XI en el que Ulises desciende al Hades y dialoga con los muertos, especialmente con el fantasma de Teiresias, quien pronuncia la profecía del retorno de Ulises a Itaca, su hogar.[24]

En vez de utilizar un texto (el de Shelley) que representaría la vivificación de la voz ("de resurrección, de regreso") asegurando así la auto-presentación de la naturaleza, el narrador de *Los pasos perdidos* depende de un texto errante, los viajes de Ulises, quien pospone hacer presente su presencia, el retorno al hogar. El Treno, entonces no garantiza retorno alguno (ni el suyo –aludido por la analogía entre Ulises y el narrador–, ni el de la presencia plena de la voz), sino un viaje indefinido. Tal vez deba ser así dado que la muerte o la ausencia están siempre ya inscriptos en la economía misma del viaje.[25]

El diálogo entre Rosario y el narrador durante la composición de Treno despliega las sobredeterminadas relaciones entre la muerte y el viaje, la ausencia y la presencia, la música y el lenguaje:

> Y cuando más exasperado me encuentro, Rosario me pregunta a quién estoy escribiendo cartas, puesto que aquí no hay correo. Esa confusión, la imagen de la carta hecha para viajar y que no puede viajar, me hace pensar, de súbito, en la vanidad de todo lo que estoy haciendo desde ayer. De nada sirve la partitura que

no ha de ser ejecutada. La obra de arte se destina a los demás, y muy especialmente la música . . . (357).

El narrador resume aquí la naturaleza aporética de su proyecto musical: o bien hay viaje, y por ende la posibilidad concomitante de muerte y destrucción, es decir, el peligro de que la presencia buscada no se concretize; o bien no hay viaje y la carta (el texto, la escritura) no tendrá posibilidad de llegar a su destino –teoría ésta que el narrador parece delinear de antemano. Esta aporía no es accidental sino que habita todo discurso que busque formular la existencia de signos naturales. En su intercambio postal con el narrador, Rosario da a entender que las relaciones entre la música y la letra, entre la naturaleza y el artificio no pueden concebirse ni dialécticamente ni en términos oposicionales; cada una habita en la otra, siendo a la vez su huésped y su rehén, abriendo sus límites y descomponiendo sus definiciones, interrumpiendo toda apelación a una plenitud primera o última.

Nombrar: Nadie

El deseo que habita al narrador de dar nombre a las cosas, de asignar una identidad a lo que no tiene nombre es constantemente frustrado en la novela. Como Ulises ante el Cíclope en el texto homérico, el narrador es un Nadie, el sin-nombre, carente de identidad. Pero si en *La odisea* la falta de identidad del protagonista es una estrategia para evitar la muerte (un acto de supervivencia), cabe preguntarse por qué el narrador de *Los pasos perdidos* permanece en el anonimato, ya que esta situación parecería contradecir el proyecto poético del narrador: el de ser un "Adán nombrando," un dador de nombres, un creador.

La falta de nombre propio del narrador tiene varias funciones en la novela. La novela está escrita en primera persona y en forma de diario y lógicamente no necesitaría de una firma ya que el narrador sería tanto el emisor como el destinatario del texto. Pero la exclusión enfática del nombre, el hecho que se haga hincapié en que Rosario lo llame por su nombre como si fuera "la primera vez" hacen que la cuestión del nombre propio adquiera un espesor particular. ¿A qué apunta, entonces, la falta de nombre propio? El nombre propio es único, es precisamente lo que no puede ser descrito o generalizado. Debería ser lo intraducible y también lo que es más propio a un individuo. Pero como lo hemos visto, es la particularidad (y específicamente la de América Latina) que se cuestiona a lo largo de la novela en la mediada en que es tanto afirmada como negada, de la misma manera que lo ha sido el hogar, lo propio por excelencia.

No es solamente el narrador quien carece de nombre en la novela; los lugares que éste visita en sus vacaciones (con la excepción de Santa Mónica de los Venados que es nombrada por el Adelantado) tampoco lo tienen. Por eso es importante que sea sólo al final de la novela, en el Posfacio, que Carpentier identifique todos los lugares que el narrador recorre como lugares "reales," precisamente porque el autor los había visitado años antes.[26] Este inusual posfacio vendría a contradecir el proyecto poético de la novela al identificar y dar nombre a lo que en la novela no podía ni quería ser nombrado. Es como si Carpentier se sintiera incómodo con lo que su escritura había llegado a producir y querría, aunque sólo en unas páginas, legitimar todas las estrategias de una metafísica de la presencia que habían sido socavadas en la novela.

La visión, entonces, se legitimará otra vez como garantía de una realidad latinoamericana única: "el paisaje se ciñe a visiones muy precisas de lugares poco conocidos y apenas fotografiados cuando lo fueron alguna vez" (415). Pero aún más significativo es que en el Posfacio Carpentier reinscribe la hermenéutica que la novela deslegitima; de hecho, como un buen semiólogo, él libra a sus lectores el *secreto del signo*: "el paso con la triple incisión en forma de "V" que señala la entrada del paso secreto, existe, efectivamente, con el Signo, en la entrada del Caño de la Guacharaca, situado a unas dos horas de navegación, más arriba del Vichada..." (415). Esta última constatación habla a las claras de que la teoría sobre el arte latinoamericano que Carpentier delineó en el prefacio a *El reino de este mundo* sigue funcionando como el marco teórico de *Los pasos perdidos*, aunque simultáneamente el relato del viaje del narrador excede la teoría que Carpentier está intentando formular. ¿Qué es lo que se pone en juego en la relación entre la escritura y el viaje que socava las metas teóricas de la novela? ¿Por qué la escritura hacer errar al texto? Como espero haberlo demostrado, el viaje no brinda al narrador acceso alguno a la inmediatez y a la autenticidad que le están vedadas en la inautenticidad de la existencia moderna que ha dejado atrás. Su búsqueda no lo acerca a una identidad latinoamericana que tanto añora descubrir. El viaje desestabiliza toda relación entre teoría y práctica. *Los pasos perdidos* socava la noción de lugar, hace legible su caracter intrínsecamente dislocado de una vez y para siempre. El lugar es lo que no puede ser fundado (ni en el sentido de un descubrimiento, ni tampoco en el de orígenes y fundamentos). Además, la novela hace legible el precio que el discurso crítico-teórico paga al anclarse en una noción de lugar. Esto no significa que Carpentier estuviera negando la existencia de América, sino que la escritura nunca llega a destino. Aunque mapas y coordenadas busquen guiarla o encauzarla, hay algo en la escritura que excede o se sustrae a lo que puede llamarse la búsqueda de saberes o identidad, la expresión de una ideología o una teoría. Al no poder ser representado, excede la economía circular del viaje. Podríamos llamar a ese "algo" la singularidad del texto; estrato material que resiste la ley del discurso que busca circunscribirla o identificarla.

Notas

¹ En la Introducción exploro las implicaciones del paradigma de la búsqueda de identidad para una crítica latinoamericana. En la medida en que la búsqueda es concebida como un espacio de escritura no puede sino presuponer una topografía, la escritura de un espacio delineado y circunscripto: la escritura de una identidad latinoamericana. También he aislado dos modalidades del relato de búsqueda que predominan en el discurso crítico: la búsqueda de una identidad individual y/o colectiva (comunidad) y la búsqueda como desplazamiento y errancia. Ambos relatos apuntan a una economía de viaje que postula un *oikos* como punto autorreferencial de origen y partida.

² En *Questing Fictions. Latin America's Family Romance*. Minneapolis: University of Minnesota Press, 1992, D. Kadir sigue el mismo esquema. Para una crítica del descubrimiento y la conquista de América como metarrelatos, consultar el libro de Román de la Campa, *Latin Americanism*. Minnesota: University of Minnesota Press, 1999.

³ Alejo Carpentier, "Lo barroco y lo real maravilloso" en *Tientos, diferencias y otros ensayos*. Barcelona: Plaza y Janés Editores, 1987, 192.

⁴ Severo Sarduy retoma la discusión de la dimensión política del barroco en *Ensayos generales sobre el barroco*. México: Siglo XXI, 1987 y en "Barroco y neobarroco" en C. Fernández Moreno, ed. *América Latina en su literatura*. México: Siglo XXI, 1972. Ver también Irlemar Chiampi, *Barroco y modernidad*. México: FCE, 2000.

⁵ Alejo Carpentier, *El reino de este mundo*. *Obras Completas*. Vol 2. México: Siglo XXI, 1997, 17. Toda referencia a los textos de Carpentier será hecha parentéticamente.

⁶ Roberto González Echevarría se refiere a esta cuestión en *Alejo Carpentier: The Pilgrim at Home*. Ithaca: Cornell University Press, 1990.

⁷ González Echevarría afirma que: "la transición de las teorías de 'la realidad maravillosa americana' a *Los pasos perdidos* no podría ser más significativa. Confrontado al problema implícito en su teoría, de no poder entablar un diálogo con su cultura que no la reifique, sin poder ser autóctono en el momento de la escritura, la única opción que le queda a Carpentier es transformarse a sí mismo en objeto, desplegando y fragmentando el yo de su prólogo, interrogando su propia máscara." (154).

⁸ Ver González Echevarría (1990) y Gustavo Pérez Firmat, "El lenguaje secreto de *Los pasos perdidos*," *MLN*, 99 (1984): 342-357.

⁹ Véase Jacques Derrida, *Of Grammatology*. G. Spivak, trad. Baltimore: Johns Hopkins University Press, 1997 y Paul De Man, "The Rhetoric of Blindness," en *Blindness and Insight*. Minneapolis: University of Minnesota Press, 1983.

¹⁰ Alejo Carpentier, *Los pasos perdidos*. *Obras Completas*. Vol. 2 México: Siglo XXI, 1997, 145.

[11] Theodor Adorno y Max Horkheimer en *The Dialectic of the Enlightenment*. (New York: Continuum, 1988) leen *La Odisea* de Homero como el texto que encarna la dialéctica misma del Iluminismo.

[12] La crítica ha leído la figura de Rosario como la de la santa patrona de Latinoamérica, figura de la madre y del otro exótico. Para una lectura que explora cuestiones de género y sexualidad, ver González Echevarría (1990) y Mark Millington, "Gender Monologue in Carpentier's *Los pasos perdidos*," *MLN* 111 (1996): 346-367.

[13] "Signos inequívocos" es una traducción del griego. Lo que Penélope demanda es un signo propiamente idiomático: único, inmediato y privado. Un signo que no esté abierto a la interpretación y que por lo tanto no pueda ser ni substituido o reproducido ni imitado. Tal tipo de signo, por supuesto, dejaría de ser un signo. Ver Michael Nass, "Stumping the Sun: Toward a Postmetaphorics," Hugh Silverman ed., *Cultural Semiosis: Tracing the Signifier*. New York: Routledge, 1998.

[14] Este es uno de los numerosos elementos que vinculan la problemática de *Los pasos perdidos* con la de *La vorágine* de José Eustasio Rivera. Aprovecho para agradecer a Sylvia Molloy y a sus estudiantes del seminario de posgrado sobre literatura de viaje en Latinoamérica por hacerme recordar las numerosas conexiones entre los dos textos.

[15] Para Lévi-Strauss, "la antropología aspira a ser una ciencia semiológica y toma como principio operativo la significación", citado por Mercedes López-Baralt, "Los pasos encontrados de Lévi-Strauss y Alejo Carpentier: literatura y antropología en el siglo veinte," *Revista del Centro de Estudios Avanzados de Puerto Rico y el Caribe*. Jul-Dec. 1988, Vol. 7, 82. Claramente, Carpentier suscribe a una concepción similar de praxis: "...nuestro deber es revelar este mundo, interpretar las cosas nuestras", "Lo barroco y lo real maravilloso" en *Tientos, diferencias y otros ensayos*. Barcelona: Plaza y Janés Editores, 1987, 117.

[16] Mary Louise Pratt, *Imperial Eyes. Travel Writing and Transculturation*. London: Routledge, 1992, 67.

[17] Gonzalez Echevarría lee *Los pasos perdidos* como la *arché* de los futuros textos ficcionales, como es el caso de *Cien Años de Soledad* de Gabriel García Márquez.

[18] Para una discusión detallada sobre la pregnancia y la crítica del regimen escópico en el pensamiento occidental, véase Martin Jay, *Downcast Eyes*. Berkeley: University of California Press, 1994.

[19] Los avatares del concepto de mimesis van desde Platón y Aristóteles hasta las consideraciones teóricas más recientes de T. Adorno, G. Bataille, R. Girard, G. Deleuze, J. Derrida y P. Lacoue-Labarthe.

[20] Tanto Eduardo González, *(Alejo Carpentier: el tiempo del hombre*. Caracas: Monte Avila, 1978) como González Echevarría han notado el juego de reflejos especulares en esta secuencia de la novela.

[21] Sobre la importancia de la música en los textos de Carpentier, ver Karen Taylor, "La creación musical en *Los pasos perdidos*," *Nueva Revista de Filología Hispánica*, 26 (1977), 141-53.

[22] Véase *Ese Músico que Llevo Dentro 1 y 2* en Alejo Carpentier, *Obras Completas.* Vol 10 y 11. Mexico: Siglo XXI, 1987, especialmente "El adivino de aldea", 274-76 y "Una página de Rousseau", 601-2.

[23] El interés del narrador en basar el Treno sobre el poema de Shelley puede residir en el lugar que el signo natural ocupa en la estética del poeta romántico inglés. Como lo ha señalado Murray Krieger en "The Semiotic Desire for the Natural Sign: Poetic Uses and Political Abuses", (*The States of Theory.* D. Carroll, ed. Stanford: Stanford University Press, 1998), "Shelley también privilegia la poesía lírica por su relación natural con el autor y en tanto que vehículo expresivo inmediato de su interioridad," 240.

[24] Ver *La Odiséa*, Libro XI, 401-447.

[25] Como lo observa Georges Van Den Abbeele, "el viaje es mortífero y temido porque en él existe la posibilidad de que no haya retorno, pero sin esta posibilidad de retorno (la muerte), no habría viaje", véase su ya citado *Travel as Metaphor*, 24.

[26] Kadir sostiene algo similar en relación con el epílogo de *El reino de este mundo* en *Questing Fictions*.

CAPÍTULO II

Imagen, historia, tradición:
Las alter-naciones de Ezequiel Martínez Estrada

> *Costa de un mar de ignorados dramas y de frustradas*
> *glorias; muelle donde el ser humano deambula sin pasaporte ni ancla.*
> E. Martínez Estrada, *La cabeza de Goliat* [1]

La "sombra terrible" que inaugura el ensayo del ser nacional argentino introduce, desde las primeras páginas del *Facundo*, la aporías del género ensayo y del concepto de identidad nacional que éste se propone definir.[2] La visión totalizadora, metáfora de la conquista de ese vacío que para Sarmiento resultaría en la victoria de la civilización sobre la barbarie, tiene su contracara en esas sombras vaporosas e indefinidas, fuente de la poesía y de la representación de la nación. Si bien desde sus comienzos el ensayo argentino gira alrededor de un oculocentrismo confiado en la visión como metáfora del progreso, el conocimiento y la verdad, la advertencia de Goethe ("ver lo preciso, ver lo iluminado, no la luz"[3]) socava todo gesto magisterial.

A menudo leído como el continuador del proyecto sarmientino, es Ezequiel Martínez Estrada quien desplegará hasta sus últimas posibilidades los efectos de esa aporía formulada en el *Facundo*. En los años cuarenta, y a partir de una reflexión temprana en la ensayística argentina sobre la naturaleza y los efectos de los medios de reproducción técnica, especialmente de la fotografía, Martínez Estrada repiensa la función del ensayo del ser nacional y su pregnancia para postular nociones de orígenes, autenticidad e historia de las cuales se había hecho cargo hasta entonces. El proyecto de Martínez Estrada puede ser leído, entonces, como una reformulación de cómo el ensayo (la escritura) piensa la comunidad.

En *La cabeza de Goliat* (1940) las metas que el *Facundo* había delineado para la nación se muestran insostenibles.[4] En este ensayo Martínez Estrada considera a Buenos Aires, la ciudad que Sarmiento imaginaba como el emblema de su proyecto cultural y político, como algo nefasto para el país; una "cabeza encefálica", el síntoma de la imposible unidad nacional. En este texto Martínez Estrada parece rechazar la ecuación Buenos Aires-civilización y privilegiar el término opuesto (el interior) como el único polo de la antinomia capaz de representar la nacionalidad. Decimos "parece" porque Martínez Estrada, quizás a pesar suyo, es continuamente seducido por lo mismo que hizo que su maestro librara su batalla en defensa de la civilización urbana.

El Buenos Aires que Martínez Estrada describe en *La cabeza de Goliat*, su modernidad (su ruido, su velocidad y heterogeneidad) ya se habían venido perfilando en la ciudad de los años veinte y treinta. Como lo demuestra Beatriz Sarlo en *Una modernidad periférica*, Borges, Arlt y Güiraldes, entre otros, para ese entonces presentan nuevas maneras de expresar la cultura argentina como una "cultura de mezcla". Independientemente de cuáles hayan sido las respuestas a los efectos de la modernización, en esta época la idea de una cultura nacional homogénea entra en crisis. Sin embargo, *no* se cuestiona el hecho de que exista una cultura nacional que deba ser representada; el problema para estos escritores, segun Sarlo, es la forma de esa representación. Vemos algo muy diferente en *La cabeza de Goliat*. Si bien este ensayo aborda el problema de la modernización, su preocupación central no es el hallazgo de nuevas formas de expresión de la nación, sino el de interrogar si esa expresión es todavía viable. La interrogación central del ensayo toca a la posibilidad misma de la representación de una nación que, en palabras de Martínez Estrada, se deshace.

La cabeza de Goliat no es la primera incursión de Martínez Estrada en cuestiones de identidad y de cultura nacional. Aunque la publicación de *Radiografía de la pampa* (1933) pasó casi desapercibida, Martínez Estrada es conocido hasta el día de hoy como el hermeneuta del ensayo del ser nacional. *Radiografía de la pampa* intenta mostrar los males que han inhibido el desarrollo de una cultura propia (propia en el sentido de única y original, pero también en el sentido de adecuada en términos morales y representativos). Y es que para el ensayista los problemas que padece la Argentina radican en que es una mala copia, en que padece "los males de la apariencia". Destinada a ser una imitación de segundo orden (imitando a Europa y aún a las imitaciones europeas), para Martinez Estrada la nación se convierte en una realidad falseada, un simulacro.[5] El ensayo asume la forma de un diagnóstico y es el ensayista quien se hace cargo de declarar el estado de "las vísceras y órganos de un cuerpo en tres dimensiones." En 1933 Martínez Estrada parece estar convencido de que el origen de los males sufridos existen y pueden ser descubiertos y es precisamente por esta razón que al final de *Radiografía* llega a afirmar que los argentinos podrán, algún día, vivir "unidos en salud".

La unidad de la nación y la posibilidad de representar esa unidad no se cuestionan seriamente hasta siete años más tarde, con la publicación de *La cabeza de Goliat*. Y si bien este texto desarrolla muchos de los temas presentados en el ensayo de 1933, muestra una marcada diferencia en su hermenéutica. Aunque todavía está anclado en un régimen escópico mediado por un dispositivo óptico, esa falsa realidad que era el núcleo del diagnóstico en *Radiografía de la pampa* cede su lugar al orden de la imagen en *La cabeza de Goliat*. Además, si en su ensayo de 1933 el ensayista se concebía a sí mismo como un radiógrafo, buscador de las esencias y de los sentidos de la nación, en 1940 Martínez Estrada sólo puede ver con un ojo fotográfico; cambio éste que marcará un desplazamiento no sólo en las atribuciones que el ensayista se adjudica para postular la verdad de la comunidad y el camino necesario para su comunión, sino que también pondrá en cuestión la posibilidad misma de dar expresión o aún de representar lo que en 1940 ya parece imposible de representar.

61

La cabeza de Goliat se centra en el proceso de modernización que Buenos Aires había empezado a experimentar en los años veinte y treinta pero que en los años cuarenta entra en una nueva etapa signada por un masivo incremento en la población urbana, así como también por una eclosión de los medios de comunicación masivos. Aunque en la Argentina ya existía una industria editorial desde el siglo XIX, en la primera mitad del siglo XX "aparecerán otros medios que se afirman en etapas paralelas o posteriores (el cine mudo de 1900 a 1920, la radio de 1920 a 1940 y el cine sonoro de 1930 a 1945) ... en este marco los medios argentinos se desarrollan con características propias, y en un ascenso que tiene su punto culminante en la década 1940-1950, etapa de expansión de empresas y proyectos nacionales, en radio, cine, música, revistas, etc. Ya para entonces se habían producido importantes transformaciones socio-culturales que exigen nuevas respuestas a los medios..."[6] Estos medios de comunicación se convierten para Martínez Estrada en el emblema central de la vida urbana y tienen un lugar prominente en *La cabeza de Goliat* aunque, en general, el ensayista asume hacia ellos una actitud impugnadora. La radio, las películas de Hollywood, la música popular son cómplices del simulacro que para él es Buenos Aires. Pero, precisamente porque los medios de reproducción técnica y especialmente la fotografía son decisivas para su análisis de la ciudad, *La cabeza de Goliat* viene a complicar una serie de construcciones de identidad nacional de carácter homogeneizante que todavía tenían pregnancia en la primera midad del siglo veinte, ya que lo obligan a cuestionar la naturaleza misma de la representación.[7]

El problema puede formularse de la siguiente manera: si como lo sostiene Julio Ramos en su estudio sobre la modernidad latinoamericana, en el siglo XIX construir la nación era sinónimo de poder escribirla, el fenómeno de la reproducción técnica vendrá a complicar este modelo al cuestionar el estatuto de la imagen, los conceptos de memoria y olvido (de la historia), así como también los usos políticos del arte. Si los medios de comunicación desplazan a la palabra escrita, la posibilidad misma de una representación de la nación debe ser interrogada. Como veremos, estos problemas tendrán importantes y profundas consecuencias en cómo el ensayista repiensa los conceptos de colectividad y comunidad.

Imágenes de la ciudad: *La cabeza de Goliat*

> *El mundo mismo ha cobrado un aspecto fotográfico.*
> S. Kracauer, "Sobre la fotografía"

La velocidad es lo que caracteriza al Buenos Aires de *La cabeza de Goliat*: "la ciudad se convierte en pista de incesante tráfago, máquinas y pasajeros son arrastrados como partículas metálicas por trombas de electricidad" [22].[8] Como en su ensayo de 1933, la temporalidad de la nación en *La cabeza de Goliat* es también presentada por medio de metáforas ópticas, pero la experiencia de esa temporalidad sólo puede ser captada por una grafía de superficies, una conjunción de trazos captados en la velocidad luz de una fotografía.

La metáfora de la fotografía permite a Martínez Estrada ilustrar los desplazamientos que la experiencia de la ciudad pone en juego en el campo de la percepción: "nada tiene el valor convincente de la fotografía. Convence en primer término a los ojos, que son los órganos casi exclusivos para interpretar a Buenos Aires. A Buenos Aires se lo interpreta con los ojos porque ha sido construido para ser visto. Y de ahí el poder de fascinación que ejerce ..." [21]. Pero la percepción urbana que fascina es, para Martínez Estrada, una forma degradada de la visión y el síntoma de la decadencia moral:

... en Buenos Aires todo está a la vista y es conocido ... Se ve desde la calle, sin pudor, lo que hasta entonces estaba vedado, circuido por la intimidad de la vida doméstica. Pudor, como si se obtuviera con la violencia una desnudez. Ese empapelado, esas cornisas ... no se hicieron para ser vistos desde el exterior. Ahora la mirada profana los contempla desde una distancia absurda y de manera miserable. No sólo está desnuda la alcoba, sino expuesta con todo lo ausente que resta en ella a la mirada indiferente del espectador" [48, 64].

En estos pasajes es posible detectar las aporías que la fotografía pone en juego. Por un lado, un Buenos Aires fotográfico parecería acercarse al espectador, a tal punto que el espectador ve lo que no quiere ver —ve demasiado (hasta lo que se debería mantener escondido o aún reprimido)—, pero a la vez los ojos con los que el espectador ve la ciudad registran una ausencia ("todo lo ausente que resta en ella"). Esta relación aporética es propia de la fotografía, dado que cuando algo se ve con ojos fotográficos, lo que se "ve" es una reproducción y no la cosa misma. Como lo sostiene Samuel Weber, "el acto de 'acercarse' a algo presupone un punto o puntos de referencia fijos, ... aún idénticos, que hacen posible el establecimiento de una distinción entre lo distante y lo cercano. Pero cuando lo que se acerca ya es una reproducción —y ya de por sí separada de sí misma— cuanto más cerca ésta se encuentra, más distante está."[9]

¿Qué se puede "ver" de un mundo que, para parafrasear a Kracauer, ha cobrado un aspecto fotográfico? En la fotografía se produce una de-contextualización, un sacar fuera de sitio que no permite la reconstrucción de una totalidad íntegra. La fotografía resiste la noción de una imagen total o totalizante y, por ende, sólo ofrece fragmentos.[10] La metáfora de la fotografía permite formular la imposibilidad de una topografía de la nación —o al menos una grafía (una escritura) capaz de garantizar una aprehensión total y sustantiva de la nación. El moderno y urbano paisaje de Buenos Aires crea modalidades de percepción que hacen que Martínez Estrada se pregunte si la experiencia de la nación no corresponde o puede ser mejor registrada en un álbum de fotos que en un texto escrito; es decir, por la imagen fotográfica y no por el lenguaje:

> Cuando se nos enseñó a mirar con atención rincones y trozos insignificantes de la ciudad con el ojo fotográfico —una caja de fósforos junto a la rueda de un coche, un pedazo de puerta al sol, una pierna que sube la escalera—, comprendimos que nuestros ojos están ciegos. No nos sirven nada más que como lazarillos para cruzar las calles, no tropezar con otros y ganarnos la vida. *El ojo ideal sería la célula fotoeléctrica*. La ciudad pervierte así nuestros sentidos y, finalmente, nuestra inteligencia, que en vez de ser órgano de percibir la belleza, el bien y la verdad, se convierte en órgano de lucha y defensa, ocupado en eludir peligros y en

acrecentar las reservas de pequeñas ventajas acumulativas. Inteligencia en la yema de los dedos, como el ojo del ciego. [84-5, la negrilla es nuestra]

Si en los años treinta la visión magisterial del ensayista era tan precisa y penetrante como una radiografía, al punto tal de hacer posible la prescripción de una recomposición de la unidad nacional, en *La cabeza de Goliat*, en cambio, Martínez Estrada sólo puede ver fragmentos inorgánicos y desarticulados: una caja de fósforos, la pierna de una mujer, el marco de una puerta.[11] Esta visión fragmentaria cancela la validez de categorías esencialistas (la belleza, el bien, la verdad) y, por ende, registra el cambio que se ha producido en el lenguaje del discurso sobre la nación; hay un desplazamiento de figuras que expresan la totalidad de la nación por otras que expresan fragmentación y dispersión. En la fotografía (en la reproduccción técnica), los objetos pierden su autenticidad, el origen es borrado, como también es borrada su esencia.

Como Walter Benjamin lo señala en su ensayo "La obra de arte en la época de la reproducción técnica", la reproductibilidad técnica no es un fenómeno particularmente moderno; la acuñación de monedas y medallas en la antigüa Grecia ya constituían formas de reproducción. Sin embargo, lo que distingue a la reproductibilidad en la segunda mitad del siglo XX, especialmente en la fotografía, radica en haberse convertido en una parte constitutiva de la imagen. No hay una experiencia de la imagen o de la obra de arte que no esté ya atravesada por su reproductibilidad, lo cual tiene un efecto profundo no sólo en el campo del saber, sino también sobre concepciones de la temporalidad, en especial, de la memoria y sobre la idea misma de la historia. Martínez Estrada tiene en mente esto último cuando compara Buenos Aires a una imagen fotográfica: "Buenos Aires ha avanzado borrando sus pasos…borrar las huellas se convierte en: iniciar una vida nueva, una nueva historia, una nueva aventura … Los demoledores borran su propio pasado, arrasando con el Pasado …" [61-3].

El ensayista lamenta la pérdida de una noción de historia pensada en términos de continuidad y homogeneidad; la "nueva historia" que la imagen fotográfica pone en juego no hace posible la reconstitución del Pasado, no libra ni garantiza una representación mimética de ella, pero además, el problema también reside en que lo nuevo del presente tampoco puede hacerse presente. Al contrario, ese presente, como la imagen fotográfica, está continuamente desapareciendo: "cada día recomienza en el lugar que cesó la noche anterior, y es como si girara sobre sí mismo por una fuerza que nace de su interior, busca irradiarse y no lo consigue ..." [23]. La imposibilidad de localizar un centro irradiante que garantice una representación del pasado da lugar a una relación diferencial en el tiempo que precluye la continuidad. Como lo ha observado Eduardo Cadava, la fotografía como "medio para crear semejanzas, sólo puede hablar de diferencias" y, por esta misma razón, la historia se convierte en una memoria imposible.[12]

La velocidad y discontinuidad de la temporalidad de la ciudad afectan los modelos horizontales y homogeneizantes que han prevalecido en el ensayo del ser nacional. Estos sostenían una narración historicista sin fisura alguna en la que el pueblo siempre aparece como unidad y como comunidad. La narración historicista es pedagógica y "funda su autoridad en la tradición del pueblo encapsulada en una sucesión de momentos históricos que representan una eternidad generada en sí misma."[13]

Si la verdad del discurso pedagógico nacional se funda en la continuidad histórica, en una narración realista fundamentada y sostenida por una noción de origen auténtico y un progreso sin fin, entonces, *La cabeza de Goliat* no habla más que de la imposibiliad de poder sostener este tipo de discurso. Sin embargo el ensayo no responde a esta imposibilidad por medio de una simple inversión de categorías o aún de una relación oposicional a esos discusos nacionales homogéneos e historicistas. El ensayo de Martínez Estrada no propone un discurso nacional fragmentario, desarticulado e inorgánico en contraposición al discurso homogéneo. Por el contrario, *La cabeza de Goliat* muestra cómo las técnicas de reproductibilidad descritas en el ensayo marcan los límites de conceptos tales como, tiempo, narración, imagen y, de esta manera, socavan su presencia homogénea, unificante y continua en los llamados discursos nacionales.

En *La cabeza de Goliat* la función de la fotografía marca la relación diferencial a la que nos referimos. Aunque la meta del ensayista sea una representación que produzca una imagen orgánica de sí misma (este sería después de todo el *telos* de todo ensayo del ser nacional), en el ensayo de Martínez Estrada esa imagen es ya insostenible e irrepresentable. La estructura heterogénea del ensayo puede leerse como la concretización misma de este doble movimiento. *La cabeza de Goliat* consiste en una serie de "tableaux vivants": relatos cortos sobre la vida urbana donde se describen personajes inusuales, escenas típicas o excéntricas, descripciones de costumbres o celebraciones. El ensayo también incluye capítulos cortos compuestos de diálogos, anécdotas, descripciones arquitectónicas, y memorias y, por esta razón, ha sido incluido por algunos críticos dentro de la tradición de la literatura costumbrista.[14] El texto mismo parece ser el efecto de esa ceguera del ojo fotográfico urbano que el mismo Martínez Estrada critica; ese ojo que es ahora el único órgano capaz de captar los trazos inorgánicos y fragmentarios de la vida urbana.

Si *Radiografía de la pampa* se proponía describir y prescribir cómo los argentinos podían vivir como una comunidad "unidos en salud", el Buenos Aires de 1940 pone en cuestión la validez de ese proyecto. En *La cabeza de Goliat* Martínez Estrada se enfrenta una vez más con el desafío de tener que prescribir los criterios necesarios para resolver el problema de la unidad nacional. Este problema no es sólo central para pensar el concepto de nación, sino también para el proyecto poético del ensayista de la identidad nacional, dado que el fotográfico Buenos Aires que éste describe amenaza con eliminar su propia función de ensayista. En otras palabras, si la nación ya no se puede definir como una totalidad aprehensible, si la noción de unidad, aunque heterogénea, se disuelve, entonces, la expresión, la exposición o la escritura de esa supuesta unidad también corre la misma suerte.

En su estudio sobre el concepto de autoridad en la literatura latinoamericana, R. González Echevarría describe los mecanismos tradicionales del ensayo de identidad nacional latinoamericano[15] y sostiene que el ensayo es dependiente de una representación del sujeto del autor como portador de un nombre público y como ejecutante de una puesta en escena en la que la persuasión se subordina al papel que éste asume y del espacio en el que dicha puesta en escena tiene lugar. La figura del autor está fuertemente ligada al poder y a la persuasión, pero también a la violencia y aún, en muchos casos, a una postura dictatorial. El autor (o el ensayista), según el esquema de González Echevarría, es la figura que representa el conocimiento y la verdad, es quien posee y transmite la tradición, es, en otras palabras, la voz de la comunidad.

Estos rasgos de la voz autorial del ensayista pueden detectarse sin mucha dificultad en *Radiografía de la pampa*. El aparato hermenéutico empleado por Martínez Estrada en el ensayo de 1933 hace posible el diagnóstico de los males que afectan a la nación y la prescripción de criterios para concretar la tan deseada unidad nacional. Martínez Estrada recurre asiduamente a la paradoja como principio estructurante de su argumento, ya que esta figura retórica permite emitir una afirmación que parece ser falsa pero que prueba ser cierta cuando es analizada en detalle (por ejemplo, "los caminos indicaban las rutas por donde no se debían andar"). El recurso a la paradoja hace posible que Martínez Estrada se presente como un intérprete magisterial, como la autoridad capaz de narrar la historia secreta o profunda de la nación y de prescribir la cura que haga posible la regeneración.

En *Radiografía de la pampa* la autoridad (la racionalidad, la historia) es pensada en relación con el saber europeo. Sin embargo, a la fuente de ese saber la Argentina sólo puede acceder miméticamente. Durante los años treinta, los visitantes extranjeros que llegaban a la Argentina para descubrir lo americano eran celebrados y admirados; eran sus miradas las que se privilegiaban. La función que tuvieron los visitantes extranjeros como Waldo Frank, el Conde Keyserling y Ortega y Gasset ha sido extensamente estudiado en la Argentina[16], sin embargo es importante señalar que para los años cuarenta, y como se lee en *La cabeza de Goliat*, Europa ya no es considerada el lugar de la verdad. Ahora los conferenciantes extranjeros que llegan a la Argentina son objeto de sospecha e irrisión. Martínez Estrada dice:

> Es un lujo y un espectáculo, el conferenciante. Se lo trae desde lejanas tierras a que nos diga lo que sabemos o lo que no nos importaba, antes de su llegada; saber sin que nos importe lo que dice ni lo que escribe. ¿Saben ellos por qué se los llama? Exóticos personajes para mirar y admirar, como las fieras del zoológico. Es el acto de la comedia intelectual mejor acogido, que ellos saben que están representando y que nosotros sabemos que tenemos que aplaudir. ¿Creen que vienen para ser escuchados y aprovechar de sus conocimientos? Se los trae para contemplarlos y para adornar la ciudad, como a un cuadro para adornar la sala. [136]

En *La cabeza de Goliat* Martínez Estrada marca la diferencia entre los viajeros del pasado y los visitantes del presente, especialmente en lo que concierne a la experiencia urbana descrita en el ensayo. Para Martínez Estrada la diferencia reside en el valor y la eficacia de las miradas:

> Desde aquellos viajeros ingleses que poco después de la Independencia iniciaron el crucero a estas tierras en busca de minas y de curiosidades, casi ha sido ininterrumpida la visita de los huéspedes que se han creído en el deber de retribuir en la forma para ellos más adecuada los halagos de la hospitalidad. Con la diferencia de que aquellos viajeros inaugurales eran incomparablemente más caballeros, perspicaces y comprensivos. Además, escribían mejor... En general, estimaban a nuestro país en sus características y peculiaridades penetrando en el sentido de las cosas mejor que los nativos. Los huéspedes recientes y los comensales ya encontraron una ciudad de fisonomía muy compleja para poder interpretarla, ni siquiera comprenderla. [135]

La distancia que separa las presuposiciones epistemológicas de *Radiografía* de las de *La cabeza de Goliat* se hace más clara cuando se analiza la función de la visión en ambos ensayos. Como lo he señalado más arriba, en *Radiografía* se privilegia el ojo como órgano del saber. Como el guardián de la mirada trascendental y atemporal, el ensayista-radiógrafo, pero también los visitantes extranjeros, son fuentes de conocimiento y portadores de la verdad, son descubridores: buscan y producen sentidos. Pero en *La cabeza de Goliat* Martínez Estrada reconoce que la mirada ya no encierra ningún privilegio, ningún saber esencial. ¿Qué verdad puede descubrirse, qué conocimiento transmitirse si la mirada es ahora la de una "célula fotoeléctrica" y la imagen que produce es la huella fragmentada y fantasmal de la fotografía? El sujeto que escribe, si uno todavía puede hablar de un sujeto en el sentido tradicional del concepto, es ahora el del ojo degradado del ciego.

González Echevarría señala que en el *Ariel* (1900) de Rodó la voz magisterial del ensayista es una placa sonora que resuena violentamente, de la misma manera que las máquinas que Rodó tanto despreciaba por ser éstas sordas a la transmisión del espíritu nacional o americano. La postura autoritaria de Rodó está muy lejos de ese ojo mecánico y degradado descrito por Martínez Estrada. De hecho, en el pasaje de *Radiografía* a *La cabeza de Goliat*, uno podría leer el comienzo del fin de esa tradición magisterial del ensayo del ser nacional latinoamericano cuyos orígenes González Echevarría sitúa en *Ariel*.

En su ensayo de 1940 Martínez Estrada afirma que una (geo)grafía de la nación ya es imposible en Buenos Aires —una escritura cuyos significantes no estén precedidos por significados que garanticen una aprehensión total y sustantiva de la nación. Es decir, Buenos Aires ya no puede ser la sinécdoque de la Nación, como en el caso paradigmático de Sarmiento, dado que el significante "Buenos Aires" erosiona toda certeza sustancialista. Si para Sarmiento Buenos Aires debería haber funcionado como el centro de la unidad nacional tan deseada y metódicamente planificada, en *La cabeza de Goliat* Martínez Estrada, en cambio, nos ofrece su cabeza decapitada, el fragmento de un proyecto político y literario ya imposible de ensayar.

Los fines del mito:
Muerte y transfiguración de Martín Fierro

> *Se podría decir que la reproducción mecánica arranca al objeto reproducido del dominio de la tradición.*
> W. Benjamin, "La obra de arte en la era de la reproducción técnica"

Las repetidas y erróneas lecturas que el poema *Martín Fierro* ha sufrido desde 1872, sus múltiples muertes, como Martínez

Estrada las llama, lo incitan a publicar en 1948 *Muerte y transfiguración de Martín Fierro: ensayo de interpretación de la vida argentina*. Desde el Centenario el poema había sido leído como el fundamento de la tradición literaria argentina.[17] Tanto Ricardo Rojas como Leopoldo Lugones proclamaron el carácter épico del poema. Mientras que para el primero, "la obra de Hernández representaba para los argentinos lo que la *Chanson de Roland* era para los franceses y el *Mio Cid* para los españoles," para el segundo el *Martín Fierro* desempeñaba la misma función que los poemas homéricos que "formaron el núcleo de la nacionalidad helénica."[18] Por su "presencia transhistórica", el poema también se constituye en la conciencia de la nación, la "épica de la democracia", dice Rojas, y por ende, en la base de la identidad y unidad nacional.[19]

Las lecturas de Lugones y Rojas estetizan el contenido político del poema al postular la unidad orgánica de la nación que éste vendría a representar. Phillipe Lacoue-Labarthe observa que "...the *Gesamtkunstwerk* [la obra de arte total] no sólo ofrece la verdad de la *pólis* o del Estado, sino que ... lo político mismo se instituye y constituye (fundándose a sí mismo con cierta regularidad) en y como obra de arte."[20] De hecho, en las conferencias sobre el *Martín Fierro*, Lugones implora a su público la lectura del poema para, de esta manera, cumplir "con la civilización y con la patria ...estudiando la tradición de la raza, no para incrustarse en ella, sino para descubrir la ley del progreso que nos revelará el ejercicio eficaz de la vida, en estados paulatinamente superiores"[200]. Y agrega: "felicítome por haber sido el agente de una íntima comunicación nacional entre la poesía del pueblo y la mente culta de la clase superior; que así es como se forma el espíritu de la patria" [201]. Para Lugones el poema es el sitio donde la nación se ve reflejada ("esta unanimidad nacional así revelada"), donde puede identificarse, cobrar cuerpo y voz, donde la nación puede ser re-presentada.[21]

Muerte y transfiguración es un ataque directo al proyecto estético que Lugones enuncia en *El payador* (1916):

El payador, que no se refiere sino incidentalmente al Poema, es el cuño en que se funde la nueva efigie de aquel patriotismo de destierro que campea después en toda obra de rehabilitación del Poema. Desde ese momento el poema queda convertido en cantera de nacionalidad, y los críticos ulteriores se encaminan en esos yacimientos, mejor que al texto, para cohonestar una concepción épica de la historia que, de la Independencia acá, no tiene otro héroe a que acudir sino ese pobre cantor y peleador que en lugar de ser un héroe, sólo viene a representar un papel heroico de la gesta.[22]

Si, para Lugones, el poema representa la ruptura definitiva con España y, por lo tanto, se constituye en un símbolo de una identidad nacional autónoma, Martínez Estrada, en cambio, afirma que España no produce después del siglo XVIII nada tan español como el poema. Martínez Estrada fecha el poema como una manifestación anterior a la nación con el objeto de sustraerlo de su función inaugural. De hecho, para Martínez Estrada, Hernández reinstaura el período colonial en el uso mismo del lenguaje: "Rosas instaura la Colonia en los mecanismos de la vida pública y en las costumbres, Hernández [la instaura] en el idioma y sus adherencias" [293]. A través de esta lectura estratégica, Martínez Estrada transforma el poema en una denuncia contra quienes fundaron la nación, ya que establece una ecuación entre las lecturas de Lugones y Rojas con los programas políticos y culturales de los fundadores. Del mismo modo que los gobiernos del "orden y progreso" acabaron con el gaucho, las lecturas que Lugones y Rojas institucionalizaron vendrían a marcar el cierre de la literatura gauchesca: "con el *Martín Fierro*, la literatura gauchesca termina. Era un principio y sin embargo fue un fin" [294].

En vistas de contrarrestar las tesis nacionalistas de Rojas y Lugones, Martínez Estrada afirma que "en el poema ese sentimiento [de patriotismo] no existe en absoluto ... Ninguno de los personajes tiene conciencia del país en que ha nacido como unidad espiritual, Nación, estado o raza ... [370]." En su lectura del poema, el *Martín Fierro* se convierte en un texto pre-nacional, carente de patriotismo y, por ende, no apto para representar la unidad de la nación. El proceso que Martínez Estrada inicia contra el nacionalismo cultural de Rojas y Lugones gira en torno a un término central: la definición del "ser nacional"; término que supone una idea de nación como sujeto, como el fundamento común que sostiene la lógica de la comunidad. Esta lógica depende de una noción de lugar circunscripto por límites y fronteras, factor crucial para todo discurso nacionalista e idelogías totalizantes. Para interrumpir la contigüidad entre nación y ser, y para desplazar o dis-locar la noción de comunidad, Martínez Estrada desterritorializa el poema *Martín Fierro* y muchos de los textos que tradicionalmente han constituido la tradición literaria nacional:

> Sin una lectura de fondo; sin por lo menos centenares de obras escritas y profusamente leídas con el mismo propósito de explorar nuestra realidad, *el Santos Vega* de Ascasubi, el *Facundo*, el *Martín Fierro*, el *Matadero*, *Amalia*, muchas obras de Hudson y los informes de los viajeros ingleses ... no pasan de ser cuerpos extraños en el organismo de nuestra literatura. Pero estas obras están desterradas, fuera del juego, y el sentido vivo de nuestra realidad es una visión propia del desterrado ... [308].

Martínez Estrada hace una lectura innovadora de la literatura argentina: construye una serie en la que incluye tanto a los fundadores de la tradición literaria argentina como a los textos de los viajeros ingleses y los del anglo-argentino Guillermo Enrique Hudson, escritos en una lengua extranjera. El grito de guerra del nacionalismo cultural había sido "un pueblo, una lengua," que presuponía, como en el caso de los románticos europeos, la unidad y homogeneidad de la lengua nacional no contaminada por la presencia de otros. Como lo señalamos más arriba, esta tradición está todavía viva en las conferencias de Lugones sobre el *Martín Fierro*, en las que la lengua prístina del poema de Hernández (emblemática de la identidad nacional) se construye en contraposición a la de los inmigrantes italianos y españoles que entonces llegaban a la Argentina: "es una verdad histórica que los poemas homéricos formaron el núcleo de la nacionalidad helénica. Saber decirlos bien era el rasgo caracteristico del griego. Bárbaro significaba revesado, tartamudo: nuestro gringo."[23]

Para refutar la lectura de Lugones, Martínez Estrada, en cambio, legitima el habla des-centrado de la literatura gauchesca, del exiliado Sarmiento, de Hudson y de los viajeros ingleses; el lenguaje de la traducción: nunca del todo nacional, pero tampoco completamente extranjero. La lectura de Martínez Estrada parte de la presuposición de que el lenguaje de la traducción no es exclusivo a los textos que se ubican fuera de la tradición literaria de una nación, sino que también opera en esos textos que se consideran fundacionales de dicha tradición. De este modo la tradición y la nación son privados del sustrato que vendría a sostenerlos; gesto éste que posibilita pensar una noción de literatura no limitada por el concepto de localización (de geografía, de lenguaje). Si la contigüidad entre ser y nación (ser nacional) es insostenible, entonces, la lectura de Martínez Estrada hace posible concebir una literatura argentina que ya no dependa del significante nacional.

La nación en traducción:
sobre Guillermo Enrique Hudson

...los ingleses —algunos—, los trashumantes y andariegos, ejercen una facultá de empaparse en forasteras variaciones del ser: un desinglesamiento despacito, instintivo, que los americaniza, los asiatiza, los africaniza, y los salva.
Jorge Luis Borges, "La tierra cárdena" (1926)

Al abordar la imposibilidad de un idioma nacional auténtico, Martínez Estrada introduce la idea de que la traducción es el emblema de la literatura argentina. Esta idea es también desarrollada por Borges en su reseña de *The Purple Land* de Guillermo Enrique Hudson. Borges propone un desplazamiento de las fronteras que constituyen una lengua nacional al afirmar que "percibir o no los matices criollos es quizá baladí, pero el hecho es que de todos los extranjeros ... nadie los percibe sino el inglés."[24] El término criollo aquí funciona como una sinécdoque de lo auténticamente argentino, pero éste es un extraño criollismo, ya que mientras Lugones sitúa a los extranjeros (los inmigrantes) en el afuera de la unidad o integridad del idioma argentino, Borges sostiene que lo que debe considerarse como lengua propia es, paradójicamente, aquello que se expresa mejor en una lengua extranjera. El idioma argentino es en sí un idioma extranjero, parece decir Borges. Por esta razón, Borges preserva la ambigüedad del sustantivo al final de la cita ("nadie los percibe sino el inglés"), dado que "inglés" puede referirse tanto al idioma como a la nacionalidad. Pero, por supuesto, lo que está en juego aquí es precisamente la imposibilidad de fijar un sentido estable e inequívoco a este significante; es decir, la imposibilidad de hacer que el idioma (el lenguaje) y la nacionalidad coincidan. Borges deja suspendido el sustantivo en una ambigüedad que socava la contigüidad entre lengua y nación.

Lo que tanto Borges como Martínez Estrada valoran en la prosa de Hudson es en palabras de éste:

... una inquietante extranjería en su idioma inglés bien castizo. Se ha dicho, para explicarlo, que Hudson pensaba en castellano y traducía al escribir; pero esto no puede ser cierto, desde que con los años el idioma que aprendió de chico... se fue borrando por falta de ejercicio, hasta hacérsele penoso hablarlo. Y esto precisamente cuando al final de su vida sintió como una necesidad... el hablar castellano. Verdad es que aunque hablara durante treinta y tantos años este idioma, más familiar le era el inglés, y que necesitó formarse una lengua literaria mediante un estudio de este idioma parecido al que realizó Conrad. Aquello de extraño que hallaba el lector insular en la prosa de Hudson es precisamente lo que hallamos de nuestro en las traducciones: el espíritu de nuestro país tal como se refleja en la lengua que hablamos.[25]

La prosa de Hudson exhibe la diferencia lingüística inscripta en el lenguaje; la coexistencia de varios idiomas en una misma lengua –la impureza misma. La traducción, entendida como operación que da cuenta de la multiplicidad del lenguaje, se convierte en el paradigma de una literatura argentina. De hecho, para Martínez Estrada los textos de Hudson consiguen lo que el escritor argentino, atado a las formas de un castellano culto, a "formas hechas de antemano", no puede lograr.[26]

La teoría de la traducción de Benjamin permite esclarecer la lectura de Martínez Estrada: "si es cierto que en la traducción se hacen patente el parentesco de los idiomas, conviene añadir que no guarda relación alguna con la vaga semejanza que existe entre la copia y el original. De esto se infiere que el parentesco no implica forzosamente la semejanza ... ya que no es posible definirlo adecuadamente basándose en la igualdad de orígenes."[27] La traducción aquí no puede pensarse dentro de esquemas genealógicos, de herencia, o semejanza. De hecho, en el ensayo de Benjamin la palabra *aufgabe* apunta a esta imposibilidad ya que puede ser traducida como tarea, obligación, pero también como derrota. Lo que la traducción deja entrever, entonces, es la fisura en lo que se piensa es la lengua original. Lejos de ser familiar, estable y propia, las traducción vendría a exhibir la extranjería de y en "nuestra propia" lengua.[28]

Traducción y original son fragmentos de una "lengua mayor", como dice Benjamin, que, a la misma vez, constituyen el ímpetu de toda traducción (el sueño de una comunicabilidad transparente) y el mayor obstáculo (ya que la multiplicidad de lenguas no permite que este sueño se realice). La relación entre la traducción y el original, entonces, sólo puede ser, en palabras de Benjamin, "un punto infinitísimamente pequeño," un lugar que de hecho es un no-lugar ya que precluye la unidad o la convergencia y sólo existe para ser descartado.[29]

En términos que resuenan con Benjamin, a ese "lugar" Martínez Estrada lo llama catácresis:

> Se establece una tensión permanente, una presión deformadora, en quien usa de una lengua para expresar sentimientos e ideas que responden a una información o cultura cuyo órgano de expresión es otra lengua ... La palabra sufre así una violencia interior, no en su morfología sino en su sentido, y es el fenómeno universal y extrañísimo de la metamorfosis semántica, en el caso lingüístico denominado catácresis. [235]

Esta es, también, la violencia lingüística que Martínez Estrada valora en el lenguaje de Franz Kafka: "este ser alienus, de otra raza, de otra configuración psíquica y onírica ... fue el judío checo que escribió en alemán y pensó en hebreo: F. Kafka."[30] Kafka, "un extranjero en su propia tierra", trabaja el lenguaje de su escritura como un lenguaje extranjero y, de esa manera, inscribe esos rasgos diferenciales que son propriamente catacrísticos.

La catácresis consiste en el uso "indebido" o "impropio" de una palabra para designar otra cosa que su significado "propio" o literal. En razón de su configuración extraña y única, los tratados de retórica la incluyen tanto dentro como fuera del sistema tropológico, dado que es un uso figural del lenguaje y a la misma vez el nombre literal o propio de una cosa: "atribuirle una "falda" a una montaña o una "cabeza" a una lechuga implica, claramente, emplear una figura pero, dado que ésta no ocupa el lugar de un uso ya existente o establecido, sino que reemplaza la falta de lo literal, de una expresión propia, entonces, no se trata solamente de una figura, sino también de algo que puede llegar a ser o convertirse en la única manera de decir "la X de la montaña".[31] Tomada como modelo de la traducción, la catácresis ocupa una posición ambigua, dado que funciona tanto como nombre propio y como sustantivo común; requiere una traducción y, al mismo tiempo, la frustra.

Con la catácresis como modelo, la función del traductor ya no es la de restituir en la traducción lo que primero fue dado en el original –una tarea que no puede llevarse a cabo y que culmina en una segura derrota. La catácresis implica una falta en el original, pero no en el sentido de algo que fue dado y después perdido, sino de algo que nunca hubo "en primer lugar". En "La tarea del traductor" Benjamin cita a Mallarmé sobre este punto: *"les langues imparfaites en cela que plusieurs, manque la suprême..., la divérsité, sur terre, des idiomes empêche personne de proférer les mots qui, sinon se trouveraient par une frappe unique, elle-même matériellement la vérité."*[32] El original es, desde siempre incompleto, ocupa el lugar de la falta, y está en exilio permanente. Pero el exilio también se convierte en un concepto ambiguo, dado que ya no hay hogar o patria del cual ser exiliado.

La escritura catacrística pone en cuestión la búsqueda de la identidad como programa constitutivo de los textos latinoamericanos. Como vimos en la Introducción, aunque la búsqueda pueda verse afectada por una divagación o por una errancia que parecería poner en duda la circularidad cerrada del trayecto, la economía del viaje que organiza el espacio de las búsquedas de identidad garantiza la postulación de un lugar (el hogar, la patria) como punto de referencia: el principio y fin absolutos del sentido. La escritura catacrística interrumpe esta economía ya que la catácresis es simplemente un "lugar-teniente" que poco tiene que ver con el sentido, entendido como dirección o significado. En la medida en que pone en duda la posibilidad misma de una representación, la catácresis, entonces, es el nombre de una escritura que no funciona como la morada de la identidad.

En tanto que "lugar-teniente" la catácresis no sólo desestabiliza cualquier noción de lugar, sino también, y sobre todo, la de fundamento. Mientras que las teorías tradicionales de la traducción giran alrededor de una noción de transferencia (de un lugar a otro, de original a traducción), una traducción catacrística (lugar como no-lugar) compartiría algunos de los rasgos del nomadismo de Deleuze y Guattari, según el cual los puntos atravesados son indefinidos y no-comunicantes:

> El nómada no es igual al inmigrante ya que éste va principalmente de un lugar al otro, aún si el otro lugar es incierto, desconocido o no bien localizado .... Los nómadas no tienen puntos, caminos, o tierras ... Si el nómada puede ser llamado el desterritorializado por excelencia es precisamente porque no hay reterritorialización, como en el caso del inmigrante ... [33]

Hay una diferencia crucial entre el inmigrante y el nómada. Mientras del primero es posible decir que ha partido ya que en su desplazamiento mismo se preserva la figura del hogar (que tal vez sea hostil o invivible) del cual se origina su periplo, del segundo no puede decirse tal cosa porque no hay un hogar que haya sido dejado atrás o al que se pueda retornar. El nomadismo también vendría a perturbar la noción de transferencia como movimiento (de un punto a otro) dado que el nómada es "aquél que no se desplaza" [381]; el espacio que "habita" no está delimitado por puntos limítrofes o fronteras. El nómada es entonces, un "lugar-teniente", alguien que no puede ser fijado, localizado o identificado. El nómada "encarna" la figura catacrística de la traducción.

¿Cómo escribir una literatura nomádica, cuáles son los efectos de un lenguaje catacrístico? La escritura de Martínez Estrada conduce a una pregunta inevitable: ¿puede haber una narración de la nación? En otras palabras, una vez que las diversas formas de interrupción del discurso nacional se dejan leer en un texto, después que la coherencia y la unidad de conceptos tales como lenguaje, imagen, origen, autenticidad, e historia son llevados a sus límites y leídos como los límites de la representación, ¿es todavía posible producir una narración? Para algunos críticos como Homi Bhabha, la respuesta es afirmativa, como el título de su conocido libro, *Nación y narración* [*Nation and Narration*], lo indica. Para Bhabha el discurso performativo de una minoría puede interrumpir (aunque no eliminar) el discurso pedagógico de la nación y producir así su propia contra-narración.

¿Pero puede la simple inversión de los tropos que han dominado el discurso narrativo pedagógico constituirse en un movimiento suficiente y necesario para abrir la dimensión constativa de la narración pedagógica a la performativa (aunque en esta apertura no se produzca una evacuación *total* de la narración, y en la medida en que el prefijo "contra-" implica una lógica oposicional tradicional que vendría a afirmar aquello mismo que se intenta resistir)? Los textos de Martínez Estrada estudiados en este capítulo presentan alternativas y, por momentos, hacen imposible una narración de la nación, aunque sin presentar una clara alternativa a un "más allá" o "más acá" de la narración capaz de preservar la alteridad o la diferencia que la catácresis pone en juego. Como lo veremos en los capítulos dedicados a Paz y Borges, es a través de un cuestionamiento sobre la escritura que es posible postular formas alternativas de la comunidad que excedan el espacio y la temporalidad tradicionales de la narración.

Notas

[1] Ezequiel Martínez Estrada, *La cabeza de Goliat*. Buenos Aires: CEAL, 1981, 58. Referencias a este texto serán dadas parentéticamente.

[2] Sobre el género ensayo y el ensayo del ser nacional argentino y americano, véase: T.W. Adorno, "El ensayo como forma" en *Notas de literatura*. Barcelona: Ariel, 1962; G. Lukács, *Soul and Form*. London: Merlin Press, 1974; R. Barthes, *Critical Essays*. Evanston: Northwestern UP, 1972; J. McCarthy, *Crossing Boundaries: A Theory and History of Essay Writing in German, 1680-1815*. Philadelphia: University of PA. Press, 1989; Thomas Harrison, *Essayism: Conrad, Musil and Pirandello*. Baltimore: Johns Hopkins University Press, 1992; Reda Bensmaïa, *The Barthes Effect: The Essay as Reflective Text*. Minneapolis: University of Minnesota Press, 1987; Jaime Rest, *El cuarto en el recoveco*. Buenos Aires: CEAL, 1982; Susana Rotker, ed., *Ensayistas de nuestra América*. Tomo I. Buenos Aires: Losada, 1994; Medardo Vitier, *Del ensayo americano*. Mexico: FCE, 1945; R. Borello, ed. *El ensayo argentino 1930-1970*. Buenos Aires: CEAL, 1981; Martin Stabb, *In Quest of Identity: Patterns in the Spanish American Essay of Ideas, 1890-1960*. Chapel Hill: University of North Carolina Press, 1967; A. Giordano, *Modos del Ensayo*. Rosario: Beatriz Viterbo, 1991, S. Cueto y A. Giordano, *Borges y Bioy Casares ensayistas*. Rosario: Ediciones Paradoxa, 1988; Eduardo Grüner,*Un género culpable. La práctica del ensayo: entredichos, preferencias e intromisiones*. Rosario: Homo Sapiens Ediciones, 1996.

[3] Este es el epígrafe del ya clásico texto de Adorno, "El ensayo como forma".

[4] *La cabeza de Goliat* retoma la metáfora con la que Sarmiento describe a Buenos Aires en *Facundo*: "Buenos Aires es un niño que vence a un gigante, se infatúa, se cree un héroe y se aventura a cosas mayores", 107.

[5] Ver Carlos Altamirano y Beatriz Sarlo, *Ensayos argentinos: De Sarmiento a la vanguardia*. Buenos Aires: CEAL, 1983 y Graciela Montaldo, *De pronto, el campo. Literatura argentina y tradición rural*. Rosario: Beatriz Viterbo Editora, 1993.

[6] Aníbal Ford y J.B. Rivera, *Medios de comunicación y cultura popular*. Buenos Aires: Legasa, 1987, 27. Véase también Jaime Rest, *Literatura y cultura de masas*. Buenos Aires: Centro Editor, 1967; Eduardo Romano, Abel Posadas, et. al., *La cultura popular del peronismo*. Buenos Aires: Editorial Cimarrón, 1974.

[7] En un análisis de la cultura visual posnacional, Néstor García Canclini señala que en la primera mitad del siglo XX los medios masivos de comunicación en América Latina tuvieron la función de consolidar las identidades nacionales. No sería hasta la década de los setenta que este modelo comienza a descomponerse a raíz de la globalización y la producción transnacional. Sin embargo, y tal como lo analizamos aquí, *La cabeza de Goliat* demuestra que dado el desarrollo temprano de los medios masivos en la Argentina la descomposición de la identidad nacional comienza mucho antes.

[8] Lector de Georg Simmel, aquí Martínez Estrada se hace eco de las ideas del ensayista alemán sobre la vida urbana. Ver el ensayo de G. Simmel,"The Metropolis and Mental Life".

[9] Samuel Weber, *Mass Mediarus. Form, Technics, Media*. Stanford: Stanford University Press, 1996, 88.

[10] Para una excelente discusión del estatuto del fragmento en Walter Benjamin, véase Aris Fioretos, "Contraction (Benjamin, Reading, History),"*MLN*, 110 (1995): 560-564.

[11] La noción de visión degradada que sostiene Martínez Estrada en *La cabeza de Goliat* se distancia marcadamente de la posición vanguardista para la cual el ojo fotográfico del poeta se convierte, en palabras de Francine Masiello, en "una metáfora de la conquista moderna" capaz de ver y controlar el mundo fenoménico. Véase su *Las escuelas argentinas de vanguardia*. Buenos Aires: Hachette, 1986, especialmente Capítulo IV: "Contra la naturaleza: El paisaje de la vanguardia".

[12] Véase su *Words of Light: Theses on the Photograhy of History.* Princeton: Princeton University Press, 1997. El momento de interrupción que Martínez Estrada lee en la temporalidad de la ciudad tiene mucho en común con el *Jetzseit* benjaminiano de "La obra de arte en la era de la reproducción técnica," pero carece del potencial revolucionario que el pensador alemán le otorga.

[13] Homi Bhabha, "DissemiNation: time, narrative, and the margins of the modern nation" en H. Bhabha, ed. *Nation and Narration*. London: Routledge, 1990, 299.

[14] Alfredo Rubione estudia la relación entre el ensayo de Martínez Estrada y la literatura costumbrista en su prólogo a *La cabeza de Goliat*. Buenos Aires: CEAL, 1981.

[15] Roberto González Echevarría, "The Case of the Speaking Statue: *Ariel* and the Magisterial Rhetoric of the Latin American Essay" en *The Voice of the Masters: Writing and Authority in Modern Latin American Literature*. Austin: University of Texas Press, 1985.

[16] Ver John King, *Sur: A Study of the Argentinian Literary Journal and the Development of a Culture*. Cambridge: Cambridge University Press, 1986. Sobre la evolución de la influencia de Ortega y Gasset en Argentina, ver Patricio Canto, *El caso Ortega y Gasset*. Buenos Aires: Ediciones Leviatán, 1958.

[17] Para la relación entre el *Martín Fierro* y la identidad nacional, ver Carlos Altamirano y B. Sarlo, *Ensayos argentinos: De Sarmiento a la vanguardia*. Buenos Aires: CEAL, 1983; Graciela Montaldo, "Polémicas" en *Historia social de la literatura argentina: Yrigoyen, entre Borges y Arlt (196-1930)*. Graciela Montaldo, ed., Buenos Aires: Contrapunto, 1989; María Teresa Gramuglio y Beatriz Sarlo, *Martín Fierro y su crítica*. Buenos Aires: CEAL, 1980.

[18] Altamirano y Sarlo, 99. Sobre Lugones, véase también Montaldo, Jorge Monteleone, "Lugones: canto natal del héroe," en *Historia social de la literatura argentina: Yrigoyen, entre Borges y Arlt (1916-1930)*. Graciela Montaldo, ed., Buenos Aires: Contrapunto, 1989. Noé Jitrik, *Leopoldo Lugones: Mito Nacional*. Buenos Aires: Palestra, 1960.

[19] G. Perosio and N. Rivarola, "Ricardo Rojas. Primer Profesor de la literatura argentina," *Historia de la literatura argentina*. Vol. III. Buenos Aires: Centro Editor, 1981, 233.

[20] Phillipe Lacoue-Labarthe. *La fiction du politique*. París: Christian Bourgois, 1990.

[21] Para un estudio sobre los usos políticos de la voz y de la representación en la gauchesca, ver Josefina Ludmer, *El género gauchesco. Un tratado sobre la patria*. Buenos Aires: Sudamericana, 1988.

[22] Ezequiel Martínez Estrada, *Muerte y transfiguración de Martín Fierro: Ensayo de interpretación de la vida argentina*. Buenos Aires: CEAL, 1983, 455. Referencias a este texto serán dadas parentéticamente. *Muerte y transfiguración* contiene numerosas alusiones irónicas a Lugones. Si en las conferencias que fueron luego recogidas en *El payador* (1916), Lugones afirma no haberse sentido nunca tan "hijo del país," Martínez Estrada retrueca diciendo que en las lecturas mitificantes del poema *Martín Fierro*, el gaucho "es otra vez un redentor, sólo que si antes lo fue de la abyecta condición del gaucho, ahora lo será de la tradición, de las virtudes caballerescas del hijo de la tierra." El payador es ahora Lugones mismo.

[23] Leopoldo Lugones, *El payador*. Caracas: Biblioteca Ayacucho, 1979, 50-1.

[24] Jorge Luis Borges, "Sobre The Purple Land," *Otras Inquisiciones. Obras Completas*. Buenos Aires: Emecé, 1974, 114.

[25] Ezequiel Martínez Estrada, *El mundo maravilloso de Guillermo Enrique Hudson*. México: FCE, 1951, 137-8.

[26] Borges y Martínez Estrada basan sus comentarios en *La tierra purpúrea* de Hudson (1885), que desarrolla a nivel temático lo que estos escritores consideran ser la extrañeza de la obra de Hudosn. El deambular de Richard Lamb por la llanura uruguaya se constituye en el testimonio de la imposibilidad de una traducción literal que va acompañada por una progresiva interrogación sobre la identidad misma del personaje central. Para un análisis detallado de esta problemática, ver mi "The Nation in Translation: Of Travelers, Foreigners and Nomads" en *Latin American Literary Review*. XXVI.51 (1998), 17-29.

[27] Walter Benjamin, "La tarea del traductor," *Angelus Novus*, trad. H. R. Murena. Edhasa/Sur: Barcelona, 1971, 133.

[28] Véase Paul De Man, "'Conclusions': Walter Benjamin's 'The Task of the Translator'" en *The Resistance to Theory*. Minneapolis: University of Minnesota Press, 1986.

[29] Véase Claude Lévesque, *L'étrangeté du texte*. Montréal: Vlb Editeur, 1976.

[30] Ezequiel Martínez Estrada, *En torno a Kafka y otros ensayos*. E. Espinoza, ed. Barcelona: Seix Barral, 1967. En su estudio sobre la literatura gauchesca, J. Ludmer sostiene que la violencia lingüística es constitutiva del género. Esta colisión entre dos o más lenguajes está también presente en Borges, como lo veremos en el próximo capítulo. Ver también Gilles Deleuze and Félix Guattari, *Kafka: Toward a Minor Literature*. Minneapolis: University of Minnesota Press, 1986.

[31] Andrej Warminski, *Readings in Interpretation. Holderlin, Hegel, Heidegger*. Minneapolis: University of Minnesota Press, 1987.

[32] Walter Benjamin, "La tarea del traductor," 37, en negrilla en el original.

[33] Gilles Deleuze y F. Guattari, *A Thousand Plateux: Capitalism and Schizophrenia*. Minneapolis: University of Minnesota Press, 1987, 380. Véase también G. Deleuze, "Pensée Nomade," *Nietzsche aujourd'hui*. París: UGE, 1973.

CAPÍTULO III

Ser mexicano, por ejemplo: Octavio Paz y la dialéctica de la universalidad

> *La conversión de la sociedad en comunidad y la del poema en poesía práctica no están a la vista. Lo contrario es lo cierto: cada día aparecen más lejanas.*
> Octavio Paz, *El arco y la lira* [1]
>
> *nos buscábamos a nosotros mismos y encontramos a los otros.*
> Octavio Paz, "Entrada retrospectiva" [2]

Dos problemáticas centrales organizan la producción literaria de Octavio Paz: la poesía y la comunidad; problemáticas que configuran diferentes constelaciones de sentido sin dejarse circunscribir a géneros discursivos o límites disciplinarios, tales como la política o la poética. *El laberinto de la soledad* (1950), cuya preocupación central es la singularidad del mexicano (su identidad) y *El arco y la lira* (1956), una indagación del acto poético, despliegan una serie de aporías inherentes a todo proyecto que, guiado por la pregunta clásica "¿qué es X?", busca definir (circunscribir y delimitar) sus objetos de indagación. En estos textos, y en otros escritos de la década del cincuenta, Paz confronta las relaciones entre lo comunal de la existencia y la singularidad del ser humano; el vaivén constante de los conceptos de particularidad y universalidad, así como también la relación de la escritura poética y la modernidad. Paz busca dar respuesta a un interrogante recurrente que articula por primera vez en *El laberinto de la soledad*: "¿cómo crear una sociedad, una cultura, que no niegue nuestra humanidad pero tampoco la convierta en una vana abstracción?"[3] Se trata, entonces, de cómo pensar la comunidad fuera de los parámetros que usualmente han definido la búsqueda de la identidad sin borrar o neutralizar la singularidad de ser mexicano.

En una entrevista publicada con el título de "En el filo del viento: México y Japón", Paz explica la relación mutua que existe ente *El laberinto de la soledad* y *El arco y la lira* y declara que "el tema de la poesía me llevó a escribir muchos ensayos y dos libros... Pero otro tema –otro misterio– me interesó tanto o más: ¿qué significa ser mexicano? Esta pregunta sobre México y sobre los mexicanos es también una pregunta sobre mí mismo. Y así surgieron mis dos primeros libros de ensayos: *El laberinto de la soledad* y *El arco y la lira*: dos respuestas a dos preguntas. Todo lo que he escrito después ha sido, en cierto modo, el desarrollo de estos dos libros."[4] La relación entre estos ensayos se convierte, a su vez, en una exploración de la cuestión de la *relación*, de las maneras en las que lo literario (el poema) siempre es histórico y está dirigido a una comunidad histórica determinada. México y el poema se convierten, para Paz, en dos articulaciones de ser en el mundo: los dos textos exploran cómo esa relación puede expresarse y darse a leer; cómo lo literario lee la comunidad y la comunidad lee el poema.

De la ejemplaridad: *El laberinto de la soledad*

En *El laberinto de la soledad* Paz pone en cuestión la contigüidad entre ser y nación. Aunque si bien advierte que "nadie puede explicar satisfactoriamente en qué consisten las diferencias 'nacionales' entre argentinos y uruguayos, peruanos y ecuatorianos, guatemaltecos y mexicanos," [LS 123] (ya que las fronteras entre estos países fueron el resultado político de las particiones del período pos-independentista), Paz intenta describir lo que él llama la singularidad del hombre o la mujer mexicana. Este texto, entonces, parecería continuar la tradición del "ensayo del ser nacional" que, como vimos con Martínez Estrada, busca delinear la particularidad de la pertenencia nacional. El mismo Paz hace explícita la continuidad de esta tradición del ensayo cuando, al comienzo de *El laberinto*, sostiene que "basta, por ejemplo, con que cualquiera cruce la frontera para que, obscuramente, se haga las mismas preguntas que se hizo Samuel Ramos en *El perfil del hombre y la cultura en México*" [LS 49].

Esta mención de Ramos es estratégica para Paz. En la época que éste escribe *El laberinto de la soledad*, un grupo de escritores y sociólogos producen lo que se ha llamado la "filosofía de lo mexicano." Siguiendo las ideas del libro de Ramos, *El perfil del hombre y la cultura en México* (1934), así como también las del filósofo español José Gaos, estos escritores buscaban definir la esencia del ser mexicano.[5] En *Postdata* (1970), texto originariamente presentado en la Hackett Memorial Lecture en la Universidad de Texas, Paz explica la intención inicial de *El laberinto de la soledad*. Allí sostiene que "fue un ejercicio de la imaginación crítica: una visión y, simultáneamente, una revisión. Algo muy distinto a un ensayo sobre la filosofía de lo mexicano o a una búsqueda de nuestro pretendido ser. El mexicano no es una esencia sino una historia... En aquella época no me interesaba la definición de lo mexicano sino, como ahora, la crítica: esa actividad que consiste, tanto o más que en conocernos, en liberarnos."[6]

Si Ramos y sus discípulos buscaban delimitar los sentidos del ser mexicano; es decir, si en "la filosofía de lo mexicano" había una postulación substantiva de la identidad mexicana, en su ensayo Paz intenta problematizar los presupuestos que subyacen a la necesidad misma de definir el "carácter nacional": "a pesar de la naturaleza casi siempre ilusoria de los ensayos de psicología nacional, me parece reveladora la insistencia con que en ciertos períodos los pueblos se vuelven sobre sí mismos y se interrogan" [LS 47]. Entonces, en vez de definir el ser de la nación y de localizar o delimitar su lugar, Paz opta por formular una noción de escritura que interrumpa la búsqueda de la identidad. Por dicha razón en la estructura y la exposición mismas de *El laberinto de la soledad*, así como también en las de *El arco y la lira*, la intención es esquivar la política del pensamiento identificatorio intrínseca a la "filosofía de lo mexicano."

Parte de la estrategia de *El laberinto de la soledad* es retórica y consiste, precisamente, en la abstención de definir; en su lugar Paz recurre a los ejemplos.[7] Como veremos, estos ejemplos frustran todo impulso de alcanzar un sentido último. Se trata de una estrategia que, por un lado, hace peligrar el propósito inicial del ensayo –la descripción de *la* particularidad del mexicano (lo que hace que un mexicano sea mexicano)– mientras que, por el otro, despliega las aporías constitutivas a todo proyecto de búsqueda de una identidad exponiendo, así, sus implicaciones políticas.

Aunque convencionalmente concebidos como vehículos o medios de exposición de una verdad o de la Verdad, los ejemplos ponen en evidencia no sólo sus propios límites, sino también los límites de aquello que deben ejemplificar. Por ende, una lectura organizada a partir del ejemplo permitirá analizar la complejidad de la retórica del texto y, también, la del andamiaje conceptual que sostiene dicha retórica.

Desde Platón y Aristóteles el ejemplo ha sido asociado con dos vectores de significación. El ejemplo puede ser concebido como un caso particular de una forma o modelo universal, el estándar, la ley misma. Si se toma este vector en consideración, es posible afirmar que, por un lado, el ejemplo toca a la cuestión del paradigma, de la fuente o del origen y, por el otro, de las partes, es decir, a funciones prácticas y pragmáticas.[8] Éste es el sentido de ejemplo que aparece privilegiado en la raíz latina de *eximere*: una parte extraída de un todo o *excepción*. Pero, ¿cómo puede una parte representar el todo y, del mismo modo, cómo se constituye el todo del cual el ejemplo es una parte? ¿Qué hace que un ejemplo ejemplifique, represente, exhiba, no como un símbolo o elemento análogo sino como ilustración, en provecho de un saber y de su "visualización"? ¿El ejemplo saca su fuerza persuasiva de aquello de lo que forma parte, o hay una fuerza en la parte misma, en la parte en tanto que parte?[9] ¿En qué consiste la virtud del ejemplo? Es decir, ¿qué sucede cuando el nexo que supuestamente vincula la ley general, la fuente o el modelo con el ejemplo se desarticula? Lo que se pone en juego en esta serie de preguntas es la estructura jerárquica del ejemplo.

El ejemplo siempre es ambiguo ya que puede funcionar tanto como una muestra indistinta y un modelo teleológico; es decir, como una instancia singular y un modelo universal. La naturaleza aporética del ejemplo se hace presente en la primera línea de *El laberinto de la soledad*: "a todos, en algún momento, se nos ha revelado nuestra existencia como algo particular, intransferible y precioso" [LS 47]. La existencia singular propia a uno mismo es, al mismo tiempo, la existencia singular de "todos", en el sentido de que cada uno experimenta la vida singularmente. Esta característica compartida por todos los seres humanos, ¿supone un "nosotros?", es decir, ¿puede funcionar como el ejemplo de una experiencia de lo comunal universal o, es que "nosotros" somos todos átomos singulares? El diccionario define el pronombre personal de primera persona plural "nosotros" como "yo" más el resto del grupo. ¿El "todos" de la primera línea del ensayo, entonces, apunta necesariamente a todos los seres humanos o simplemente a la totalidad (sin importar cómo ésta sea definida) de la población mexicana?[10] ¿Es posible circunscribirle límites a una noción de universalidad?

La problemática del ejemplo habita los parajes conceptuales de la relación irreductible entre el universalismo y el particularismo. Y, una discusión de estos conceptos es un componente importante de *El laberinto de la soledad*, no solamente por su relevancia para una discusión de la identidad, sino también para una discusión de la modernidad. Paz propone un marco dentro del cual pensar dichas cuestiones –el ejemplo dado por Antonio Machado sobre "la incurable otredad que padece lo uno," que sirve de epígrafe al ensayo. La meta de *El laberinto*, entonces, parece ser clara: Paz se propone distinguir la singularidad del mexicano en tanto que otro, pero sin convertir esta singularidad en una esencia. Es decir, la regla del ensayo es la especificación de una singularidad que no transforme a la identidad mexicana en una fundación esencial o esencializante, sino que preserve su apertura al movimiento de la historia.

Paz lleva adelante este proyecto por medio del ejemplo; mostrando que lo que distingue al mexicano (mitos, costumbres, creencias, tradiciones, etc.) es siempre una máscara del ser. ¿Significa esto que Paz ya sabe de antemano qué es lo que "ser mexicano" quiere decir y que su meta es simplemente pedagógica (instruir al lector)? ¿Cómo es posible dar un ejemplo de lo que se manifiesta como impropiamente representado (lo enmascarado)? ¿No son los ejemplos representaciones que vendrían a facilitar la comprensión de un concepto; una herramienta pedagógica empleada para "visualizar" lo que de otra manera sería incomprensible? ¿Puede un ejemplo no-representable ser considerado un ejemplo y, de ser así, de qué sería éste un ejemplo? Paz enmarca la escritura de *El laberinto de la soledad* como la respuesta a una necesidad.[11] Las naciones jóvenes, sostiene, siempre estarán preocupadas por su identidad: "¿qué somos y cómo realizaremos eso que somos?"[LS 47]. Sin embargo, aún si un "nosotros" aparece implicado en la pregunta que el ensayista formula, la preocupación por la identidad nacional arrojará un estudio parcial o incompleto. Paz afirma que "no toda la población que habita nuestro país es objeto de mis reflexiones, sino un grupo concreto, constituido por esos que, por razones diversas, tiene conciencia de su ser en tanto que mexicanos. Contra lo que se cree, este grupo es bastante reducido" [LS 48].

Aunque el ensayo se propone delinear la particularidad mexicana (y, por ende, dar respuesta a la pregunta "¿qué somos?") Paz declara de manera paradójica que el ensayo se interesará en quienes *ya* tienen conciencia de esa particularidad. ¿Cuál es la relación entre el universal "todos" que, en la primera línea, siente la singularidad de su ser, y el particular expresado por la frase "no toda" que circunscribe parte de la población mexicana? Si "todos" en un momento dado sienten la singularidad de su ser ¿por qué no puede éste ser el caso particular, circunscripto, del "todos", de la totalidad de la población mexicana y no sólo el caso de un grupo pequeño?

Al formular de esta manera la problemática del ensayo, Paz mantiene abiertas y sin saturar las nociones de universalidad y de particularidad. Por lo tanto, lo universal no aparece dotado de un cuerpo particular, de una identificación substantiva, y, a su vez, lo particular no se transforma en algo universal. La tensión que habita el ejemplo queda sin resolución, necesariamente suspendida. Esta incompletud hace que los conceptos de lo universal y lo particular no funcionen como esencias reguladoras, sino más bien como meta futura o promesa: "todos pueden llegar a sentirse mexicanos" [LS 49].

La promesa responde, entonces, al interrogante de Paz sobre cómo pensar la comunidad una vez que la noción de totalidad ha sido socavada; es decir, una vez confrontados a "una oscura conciencia de que hemos sido arrancados del Todo y una ardiente búsqueda: una fuga y un regreso, tentativa por restablecer los lazos que nos unían a la creación" [LS 49]. Frente a la imposibilidad de anclar su discurso en la centralidad de una certeza transcendental (Dios, el Sujeto, el Universal encarnado en el ideal europeo), Paz es consciente de que la noción de fundamento ha sido socavada de la misma manera que aquellos conceptos que presuponen su estabilidad. Y, sin embargo, Paz insiste en repensar cuestiones que conciernen la autenticidad y los orígenes, aún cuando sabe que una noción de identidad que esté fundada en sí misma sea "superflua y peligrosa" [LS 47]. Paz, por ende, apela a un pensamiento de lo otro de la identidad, pero ya no como una propiedad de un nuevo sujeto, sino como lo que es permanentemente desestabilizador e irrepresentable.

En *El laberinto de la soledad* Paz confronta un verdadero desafío: presentar un "ser mexicano" abierto a lo universal sin hacer de lo universal otra identidad (¿no ha sido este el objetivo de los proyectos imperialistas o totalitarios?). Por ende, el movimiento del "todos" en el primer capítulo de *El laberinto de la soledad* desestabiliza la relación binaria particularidad nacional/universalidad humana. El "todos" de la primera línea se transmuta en universalidad en el mexicano, a tal punto que se podría decir que éste es el objetivo del ensayo: poder inscribir lo universal en la así llamada particularidad nacional y viceversa.[12]

Si el ensayo de Paz constantemente oscila entre la ley (el modelo, lo universal) y el ejemplo (lo particular, lo único) es porque, como hemos visto, los ejemplos son siempre dobles: pueden responder a la ley de lo Mismo (sin importar cómo ésta sea definida), pero también responden a otra ley (la ley del Otro), que no puede ser generalizada o incluso representada. En otras palabras, los ejemplos pueden funcionar en vistas de instituir la ley (son ejemplos *de* la ley), pero también pueden desplazarla.[13] Hay en el corazón de *El laberinto de la soledad* una indecidibilidad constitutiva que, como veremos, es crucial en cómo Paz repiensa la noción de identidad.

La naturaleza aporética de los ejemplos se hace evidente en el primer capítulo del ensayo, en la descripción de los pachucos. Como lo indicamos más arriba, aunque Paz dice que su estudio tendrá por objeto esa parte de la población que ya posee conciencia nacional ("no toda la población... tiene conciencia de su ser en tanto que mexicanos"), su análisis comienza ocupándose de aquellos para quienes ser mexicano es un problema e, incluso, una cuestión de vida y muerte; aquellos que "no reivindican su raza ni la nacionalidad de sus antepasados" [LS 50].[14] Es lícito preguntarnos por qué Paz comienza el ensayo con el caso de los pachucos que, precisamente, pone en cuestión la ley de la pertenencia nacional (o mexicanidad): con el caso de los que no son ejemplares. La interrogación de la singularidad del ser mejicano comienza, entonces, con un análisis de la excepción a la regla (el ejemplo como parte de un todo). Y aunque Paz nunca especifica el contenido del todo, el pachuco —momentáneamente— será una parte de éste.

En el esquema de Paz, entonces, la situación del pachuco es la de un adolescente que, como Narciso, comienza a desarrollar una consciencia de sí mismo. Es también, de una manera análoga, la de los países jóvenes en "trance de crecimiento." Por ende, el pachuco será el ejemplo de una singularidad ("una conciencia," para usar la expresión de Paz) y el de una nación. En el "entre-dos" del pachuco, Paz lee las aporías de la cuestión de la identidad y las del ser en el mundo: el pachuco no puede ni afirmar una identidad autogeneradora ni hacer del norteamericano un otro absoluto, ya que en su postura hostil hacia los Estados Unidos, no hace más que afirmar la identidad misma que intenta negar.

Los pachucos son presas de una relación oposicional frente a lo mexicano, así como también frente a la cultura norteamericana. Por lo tanto, en el esquema de Paz, ellos responden a dos leyes y parecen abrirse a una cierta pluralidad que carece de particularidad última. En tanto que casos extremos, y de allí el título del primer capítulo, "El pachuco y otros extremos," parecen desafiar la ley de la nacionalidad. En otras palabras, la situación de los pachucos les da la "libertad" de eximirse de ser el caso particular de una serie homogénea. Sin embargo, y dado precisamente por su no-ejemplaridad, los pachucos están también inmersos en la misma relación dialéctica que "los otros," que en este caso son el resto de los mexicanos, así como también el de los norteamericanos, quienes, aunque de una manera diferente, tampoco pueden expresar su ser verdadero. Pachucos, mexicanos y norteamericanos comparten "nuestra común incapacidad para reconciliarnos con el fluir de la vida" [LS 58].[15]

Como puede apreciarse, el caso de los pachucos apunta a un cierto tipo de irresolución del ejemplo, de una imposibilidad de totalización: sirve y, al mismo tiempo, no sirve para ejemplificar una ley; es y, al mismo tiempo, no es propiamente único; responde y, al mismo tiempo, no responde al modelo.[16] De esta manera, Paz pone en relieve las aporías del pensamiento identificatorio, evitando hacer que las "descripciones" de los mexicanos que aparecen en el ensayo coagulen en entidades estables o estáticas, en esencias.

Si las particularidades mexicanas existen, éstas se dan a pensar como un horizonte que se desvanece. En verdad, el carácter incompleto del ejemplo o lo que uno podría llamar su fracaso (su impotencia para ilustrar o demostrar qué es lo que ejemplifica) señala un tipo de "demostración" que ya no está ligada a un concepto de Verdad última. Si es posible afirmar que los ejemplos son centrales para la lógica de la modernidad –los ejemplos puntean la marcha del progreso hacia el conocimiento y la verdad–, entonces los ejemplos de Paz vendrían a poner en cuestión esta lógica al socavar las presuposiciones teleológicas de la ejemplaridad misma.[17]

Sin embargo, es importante observar que Paz no puede evitar hacer del pachuco un caso ejemplar que debe responder ante la ley de lo Mismo, dado que en su común condición con los mexicanos y los norteamericanos, aquél se transforma en un ejemplo más (formando ahora parte de una serie) de la soledad del hombre. El está sólo, al igual que "todos." El pachuco hace posible que Paz despliegue la dialéctica de la "soledad-comunión"; una dialéctica que, a pesar de las implicaciones escatológicas de la noción de comunión, retiene la negatividad del movimiento dialéctico sin producir una síntesis en el Saber Absoluto, que es el momento decisivo de la dialéctica hegeliana.

Mito y comunidad

En la primera sección de *El laberinto de la soledad* Paz afirma que cualquier singularidad (sea cual fuere su nombre) siempre está abierta a un afuera y, por ende, no puede constituir una totalidad completa en sí misma. Al no poder cerrarse sobre sí misma, no puede transformarse en una identidad autogeneradora. Dada esta situación, los tres capítulos siguientes del ensayo tienen un carácter problemático, ya que su objeto es la noción misma de mexicanidad que el primer capítulo sobre los pachucos ya parecía haber puesto en tela de juicio. En múltiples ocasiones, Paz puntualiza la particular manera mexicana de afrontar la muerte, el ritual (o las celebraciones) y el uso del lenguaje. ¿Paz se contradice a sí mismo? ¿Hay, a pesar de todo, una esencial particularidad mexicana?

En 1970, en una entrevista con Claudio Fell, Paz declara: "[yo] creo que *El laberinto* fue una tentativa por describir y comprender ciertos mitos."[18] Aunque lejos de ser el tema central de la totalidad del ensayo, en los capítulos "Máscaras mexicanas," "Todos Santos, Día de Muertos" y "Los hijos de la Malinche," Paz describe y analiza ciertos mitos no sin, nuevamente, crear una situación paradójica. Un mito es siempre un relato "de y desde el origen, que se refiere a una fundación mítica y que, por medio de esta relación, se funda a sí mismo (una conciencia, un pueblo, una narración)."[19] Y, a decir verdad, una de las preocupaciones centrales del ensayo es los orígenes: "la historia de México es la del hombre que busca su filiación, su origen ... restablecer los lazos" [LS 54]. Sin embargo, los mitos que en el ensayo supuestamente "explican" la particularidad mexicana (por ejemplo, el mito de Cuauthemoc, la Malinche) y que, consecuentemente, pudieran servir como el fundamento mismo de la comunidad mexicana, no

son operativos. En la formulación de Paz terminan siendo reducidos a síntomas o manifestaciones (celebraciones de ciertos feriados; usos del lenguaje, tal como la forma "chingar," y reacciones violentas). Los mitos, entonces, terminan siendo formas degradadas y fragmentarias de lo que "anteriormente" mantenía unida a la comunidad, o de lo que concretaba la comunión.[20]
Y si bien el mito no puede ser concebido de una manera dialéctica, las manifestaciones del mito que son consideras por *El laberinto de la soledad* despliegan la dialéctica soledad-comunión. El mexicano se aproxima al límite de la soledad en sus manifestaciones míticas, aunque sin poder "saltar el muro de la soledad" [LS 74]: "no trasciende su soledad" [LS 88]. Si el mito es siempre un mito de comunión, un mito de la "voz única de todos", entonces Paz no encuentra tal posibilidad en la experiencia mexicana, sino sólo "efímeras representaciones" [LS 75] que ocurren durante ciertas celebraciones, o bien una "efímera trascendencia" [LS 83], como cuando se comete un crimen. En esta ocasiones los mexicanos pueden abrirse a lo exterior y exponerse a una experiencia de la otredad.

Por ende, aunque Paz subscribe a la idea de que la vida mítica contiene vestigios de una revelación capaz de interrumpir la dialéctica de la soledad-comunión, al mismo tiempo debe forzosamente interrumpir ese residuo mítico y apelar a una noción de otredad que vendría a cuestionar la sobrevivencia misma del mito. En otros términos, si el mito es fundado y funda a la comunidad por medio de definiciones sustanciales de una identidad ya completa (todo en uno) y de una identificación –y, por dicha razón, el mito es importante para los nacionalismos fundados en ideologías orgánicas del suelo y de la sangre–, entonces toda apelación a una otredad, a aquello que vendría a perturbar la autogeneración y la autoidentificación de la comunidad, también pondría fuera de juego la función misma del mito.

El doble movimiento del ensayo (tanto de recuperación, como de interrupción de la función mítica) es típica de cualquier formulación moderna de la comunidad, ya que la modernidad (su legislación, su crítica) también depende de una noción de mito.[21] Sin embargo, es importante observar que de la misma manera que en el análisis de los pachucos, el doble movimiento en los capítulos sobre la manifestación de mitos posibilita que los conceptos de singularidad y totalidad (o particularidad y universalidad) se mantengan abiertos e incompletos, en tensión permanente –algo que la noción totalizante del mito no puede concretar. El discurso mítico ignora la cuestión de la existencia singular y, como ya lo vimos en la sección sobre los pachucos, ésta es una categoría central para Paz.

Como en el primer capítulo sobre los pachucos, el capítulo sobre el mito inscribe y, al mismo tiempo, interrumpe la noción de ejemplaridad. Si el mito apunta a lo que es propiamente hablando único y hace de ese carácter único una ley universal que cohesiona la comunidad, entonces, las manifestaciones del mito entre los mexicanos son, al mismo tiempo, particulares e impropias; algo que asegura un mito de los orígenes, pero que no logra mantener la unión de la comunidad como unidad, o uno.

La interrogación formulada por Paz en *El laberinto de la soledad*, "¿cómo crear una sociedad, una cultura, que no niegue nuestra humanidad pero tampoco la convierta en una vana abstracción?" [LS 176], habla de una relación irreductible entre lo universal y lo particular.[22] Un ejemplo no puede mantenerse separado de lo universal o ley general, pero tampoco ser reducido a estos últimos. El ejemplo sería aquello que posibilita y, al mismo tiempo, reniega de la ejemplaridad; no porque la ejemplaridad deje de existir, sino porque ya no lo puede hacer bajo la semblanza de una esencia o fundación. Dicha formulación hace posible un pensamiento de la singularidad y de la pluralidad que ya no está atado ni a las presuposiciones de una individualidad absoluta, ni a las de una comunidad esencial.[23] Es posible, entonces, evaluar el tenor de la formulación sobre la identidad mexicana que Paz enuncia en el primer capítulo del ensayo: "todos pueden llegar a sentirse mexicanos." Formulada como una promesa y un sentimiento (no como un axioma de una teoría de la identidad), la comunidad aparece como aquello que se expone en el acto de una aproximación, que nunca llega a fundirse en una totalidad, ya que se trata de una proximidad sin orígenes o fundación.

La (im)posibilidad de la poesía: *El arco y la lira*

> *La poesía no dice: yo soy tú; dice: mi yo eres tú. La imagen poética es la otredad.*
> Octavio Paz, "Los signos en rotación"[24]

¿Es la poesía el ejemplo único de comunidad en los textos de Paz; el sitio ejemplar de lo colectivo? En sus escritos de los años treinta y cuarenta Paz había ya puntualizado la importancia que la poesía tenía para revelar "lo mexicano"[25] y, en un cierto sentido, *El arco y la lira* parece seguir al Heidegger de "Hölderlin y la esencia de la poesía" en la prioridad que el lenguaje poético tiene con respecto al lenguaje cotidiano, así como también, por su función originaria y fundacional para una comunidad histórica:

> El poema se nutre del lenguaje vivo de una comunidad, de sus mitos, sus sueños y sus pasiones, esto es de sus tendencias más secretas y poderosas. El poema funda al pueblo porque el poeta remonta la corriente del lenguaje y bebe en la fuente original. En el poema la sociedad se enfrenta con los fundamentos de su ser, con su palabra primera ... [AL 67][26]

A decir verdad, esta afirmación podría ser leída como prueba contundente de que, para Paz, el poema vendría a resolver la dialéctica soledad-comunión formulada en *El laberinto de la soledad*: [27]

> Dos fuerzas antagónicas habitan el poema: una de elevación o desarraigo, arranca a la palabra del lenguaje; otra de gravedad, que la hace volver. El poema es creación original y única, pero también es lectura y recitación: participación. El poeta lo crea; el pueblo, al recitarlo, lo recrea ... Las dos operaciones –separación y regreso– exigen que el poema se sustente en un lenguaje común ... en la lengua de una comunidad: ciudad, nación, clase, grupo o secta ... [AL 65]

Aunque el pasaje enuncia la posibilidad de un lenguaje común compartido por el poeta y el lector, la tensión entre la alienación y la reconciliación, la relación antagónistica en el poema mismo, no es resuelta ("Dos fuerzas antagónicas *habitan* el poema ..."), sino que son elementos constitutivos del poema.

La tensión registrada por estos dos pasajes puede leerse como prueba de una cierta vacilación en *El arco y la lira* entre una concepción humanística del sujeto (cuyos signos más visibles serían la creación, la conciencia, la razón, y la voz como presencia) y el movimiento diseminador de la escritura.[28] Si bien es posible aislar a lo largo del ensayo numerosos ejemplos que permiten sustentar esta tesis, encontramos que lejos de ser una simple vacilación de Paz, una vacilación que no le deja decidir entre las presuposiciones de un surrealismo de cuño existencialista y de un cierto estructuralismo (posiciones que informan el marco teórico del ensayo), la indecidibilidad en el ensayo apunta a esa tensión que, para Paz, la poesía encarna y que, por consiguiente, no puede hallar resolución final. La indecidibilidad que Santí localiza en el texto de Paz vendría entonces a confirmar los límites, las imposibilidades, pero también las posibilidades, de lo que Paz llama la imagen poética.

Una manera de abordar la cuestión de esta indecidibilidad es a través de la distinción que Paz establece entre el poema y el poeta. En *El arco y la lira* el poeta es asociado, a veces con la creación, con la voz, con la presencia, mientras que otras veces aparece expuesto a un exilio permanente. Aunque el poeta debe compartir el lenguaje de la comunidad, su lugar es incierto. Para Paz el poeta es un desterrado, alguien que, literalmente, carece de lugar o fundamento. Esta situación no puede darse de otra manera: "si el poeta abandona su destierro ... abandona también la poesía y la posibilidad de que ese exilio se transforme en comunión" [AL, 67].[29]

A la luz del exilio del poeta, la noción misma de lenguaje poético se complica, ya que el lenguaje que el poeta utiliza para escribir su poema no es completamente "suyo," no es una creación de la cual aquél sería la fuente o el agente. En lugar de la figura del creador, encontramos la del poeta como "servidor del lenguaje", en la medida en que "el artista no se sirve de sus instrumentos –piedras, sonido, color o palabra– como el artesano, sino que los sirve para que recobren su naturaleza original" [AL 49]. Paradójicamente, entonces, el poeta deviene el producto de la obra poética y no su creador; lo cual revierte la temporalidad de la creación y su dependencia de una noción de origen, de una jerarquía de modelo y copia, y del predominio de la presencia sobre la ausencia. Además, lo que Paz llama "pasividad activa" desafía también la noción de sujeto entendida como sustrato activo, como la voz de la comunidad.[30] Y si bien el concepto de Hombre no es descartado completamente, lo cual sería una banalidad, hay en Paz un verdadero cuestionamiento de los conceptos de voluntad de poder y de presencia como metas últimas de lo humano:

> El hombre pone en marcha el lenguaje. La noción de un creador, necesario antecedente del poema parece oponerse a la creencia en la poesía como algo que escapa al control de la voluntad. Todo depende de lo que se entienda por voluntad ... Si no es posible trazar las fronteras entre el cuerpo y el espíritu, tampoco lo es discernir dónde termina la voluntad y empieza la pura pasividad ... La abolición en estados de absoluta receptividad no implica la abolición del querer ...El Nirvana ofrece la misma combinación de pasividad activa, de movimiento que es reposo. *Los estados de pasividad –desde la experiencia del vacío interior hasta la opuesta de congestión del ser– exigen el ejercicio de una voluntad dedicada a romper la dualidad entre objeto y sujeto ... Todos sabemos hasta qué punto es difícil rozar las orillas de la distracción. Esta experiencia se enfrenta a las tendencias predominantes de nuestra civilización, que propone como arquetipos humanos al abstraído, al retraído y hasta al contraído. Un hombre que se distrae niega al mundo moderno. Al hacerlo, se juega el todo por el todo* ... [AL 64, el énfasis es nuestro].[31]

Finalmente, lo que está en juego en el *El arco y la lira* es la poesía y no el poeta: "el poeta ya tiene un 'lugar' en la sociedad. ¿Lo tiene la poesía?" [AL 67]. La cuestión gira alrededor de la posibilidad o imposibilidad que la poesía tiene de escapar a la fuerza de la razón instrumental y de "revelar" el ser de la comunidad. Para Paz, la poesía no tiene un lugar, no puede ocupar un lugar en la sociedad moderna, si por lugar se entiende algo que pueda ser objeto de una representación, o que sostenga la dualidad sujeto-objeto.

La concepción de la imagen poética que Paz desarrolla pone en tela de juicio la noción de lugar tal como ha sido entendida por la modernidad. Según S. Weber:

> Lo que carateriza a la modernidad desde el Renacimiento... no es la substitución de una visión del mundo por otra sino ... el hecho de definirse a sí misma

como el proyecto de conquista del mundo como imagen ... Definir al mundo como algo que tiene la estructura de una imagen significa embarcarse en un proyecto de conquista en el que la heterogeneidad de los seres es aceptada en términos de su objetivación y representación.... El proyecto de poner las cosas en su lugar ... [de] fijarlas en su lugar consistiría en una confirmación del lugar mismo del sujeto quien, a través de su poder de representación, se convierte en el "punto de referencia de los seres en sí". Cuando tal movimiento abarca la totalidad de los seres, el 'mundo", entonces se convierte en imagen, cuya función última es la de establecer y confirmar la centralidad del hombre como productor de tales imágenes.[32]

Weber basa su comentario en el ensayo de Heidegger "La época de la imagen del mundo"[33], en el que el filósofo alemán muestra cómo la proliferación moderna de la tecnología ha resultado en la objetivización del mundo como representación y la determinación del hombre como Sujeto. La "conquista del mundo como imagen"[134] es uno de los últimos baluartes de la metafísica y del dominio calculable del hombre sobre la totalidad de lo que existe. Al final de ese ensayo, Heidegger señala que la poesía de Hölderlin es el único camino capaz de garantizar una dislocación de la dualidad sujeto-objeto, cuyo resultado sería la apertura de un "espacio sustraído a la representación" [136]. Siguiendo a Weber, es posible decir que la poesía sería capaz de liberar la heterogeneidad de las cosas llamada mundo y garantizar un acceso a la verdad.

Paz parece suscribir a las ideas de Heidegger no sin disputar algunos de los términos de la discusión. A lo largo del corto ensayo "Los signos en rotación" hay una observación recurrente: "la técnica no es una imagen ni una visión del mundo: no es una imagen porque no tiene por objeto representar o producir la realidad; no es una visión porque no concibe al mundo como figura sino como algo más o menos maleable para la voluntad humana" y "la técnica es una realidad tan poderosamente real –visible, palpable, audible, ubicua– que la verdadera realidad ha dejado de ser natural o sobrenatural: la industria es nuestro paisaje, nuestro cielo y nuestro infierno" [AL 254].

Un punto central del desacuerdo de Paz con Heidegger es que para el primero la tecnología no presenta una estructura totalizante en la cual se generan significaciones –la tecnología no puede producir una visión del mundo–, sino que implica en cambio una serie de funciones, herramientas y actos desprovistos todos de significaciones fuera del uso inmediato. De hecho, para Paz la tecnología no hace posible una concepción del "mundo" ("Ahora el espacio se expande y disgrega; el tiempo se vuelve discontinuo; y el mundo, el todo, estalla en añicos," [AL 253]), porque no produce imágenes. Es el estatuto de la imagen, entonces, que marca la distancia entre Paz y Heidegger. La imagen, que Paz sólo relaciona con la poesía, es la única forma que puede romper con la dualidad sujeto-objeto impuesta por la modernidad y hacer posible una escritura de la alteridad.

La imagen poética

Es en su reflexión sobre la imagen poética que Paz piensa la relación entre poesía y comunidad. La imagen es el problema central del lenguaje poético (literario) y está en el corazón mismo de la cuestión de la modernidad. De hecho, se podría decir que la naturaleza problemática de la imagen concierne a las modalidades de aprehensión de lo real, dado que, desde la antigüedad, es a través de una reflexión sobre el estatuto y la función de la imagen que se delinean la relación entre realidad e imaginación, lo sensible y lo estético.[34]

La dificultad en definir la imagen radica en su posición ambigua y oscilante; la imagen puede ser una sustitución directa (como en el caso de la imagen fotográfica), o una figuración mediadora (como en el caso de una representación analógica). Blanchot hace referencia a esta ambiguedad: "la imagen es una imagen en su duplicidad, no es el doble del objeto, sino el desdoblamiento inicial que permite la figuración de la cosa."[35] Para Blanchot, la imagen escapa la dualidad subjeto-objeto, así como también el principio de identidad que la organiza. La imagen pone esta relación en cuestión ya que el objeto no puede ser re-trazado en dirección de su origen (como en el caso de la imagen romántica), sino que implica un desdoblamiento consitutivo sin origen puntual recuperable. Además, la imagen afecta al sujeto, dado que ésta desafía todo narcisismo. Como bien lo señala M.C. Ropars, Narciso ve su propio reflejo en el agua pero no se reconoce en él (no puede identificarse); la imagen de Narciso es alterada –y alterante– a un punto tal que descompone la economía del auto-reconocimiento.[36]

Si la noción de "mundo" ya no es operativa, como Paz lo señala; si la posibilidad de representar un todo o un concepto absoluto ya no es posible, ¿cómo pensar, entonces, la cuestión de la comunidad? En dicho ensayo, Paz señala que la imagen produce una "unidad," una "reconciliación" y una totalidad en momentos furtivos y siempre a punto de desaparecer. De la misma manera que en su análisis de las manifestaciones del mito en *El laberinto de la soledad* en los que Paz muestra cómo los mexicanos pueden "trascender" su soledad, el "momento" de comunión de la poesía puede ser solamente un "instante relampagueante," un "instante de incandescencia" o una "momentánea reconciliación"; es decir, un evento que inscribe un trazo de presencia, pero en un presente que desaparece constantemente.

Como en el caso de la noción benjaminiana de *Jetzseit*, que hace posible que el presente emerja, aunque sea irrepresentable,[37] la imagen poética de Paz, que "desafía el principio de contradicción" [AL 115] y "abraza los contrarios" [AL 157] presenta, por ende, un desafío a los conceptos de representación e identidad: "el lenguaje traspasa el círculo de los significados relativos, el esto y el aquello, y dice lo indecible: las piedras son plumas, esto es aquello. El lenguaje indica, representa; el poema no explica ni representa, presenta" [AL 126].

La "otredad" desempeña una función clave contra el régimen de la representación.[38] En la imagen poética "otredad" es la diferencia del presente con respecto a sí mismo: no es ni la repetición homogénea de los relatos historicistas ni la fe de la modernidad en un futuro sin fin. Por dicha razón, la imagen poética es lo que no puede ser incorporado sin más en una economía de la significación y en *El arco y la lira* es asociada con lo sagrado, con lo otro de la razón, con los sueños y la imaginación; toda una zona que el privilegio racionalista de la modernidad deshecha de su economía. De allí que Paz afirme que la poesía no es ni un juicio ni una interpretación ("no puede aspirar a la verdad", "la imagen no explica" [AL 115, 126]). Y en la medida en que la imagen poética de Paz desafía límites institucionales, puede pensarse como un exceso y como un momento de liberación.

Volviendo a la pregunta con que abrimos el capítulo, ¿es la poesía el sitio ejemplar de lo colectivo, el "sitio" de la presentación de la comunidad?, se podría responder que para Paz la poesía es la promesa de la comunidad y, en la medida en que ésta responde ante la ley del otro, es el sitio no-ejemplar de una posibilidad:

> La pregunta que se hace el poema –¿quién es el que dice esto que digo y a quién se lo dice?– abarca al poeta y al lector. La separación del poeta ha terminado: su palabra brota de una situación común a todos. No es la palabra de una comunidad sino de una dispersión; y no funda o establece nada, salvo su interrogación. Ayer, quizá, su misión fue "dar un sentido más puro a las palabras de la tribu"; hoy es una pregunta sobre ese sentido. Esa pregunta no es una duda sino una búsqueda. Y más es un acto de fe. No una forma sino unos signos que se proyectan en un espacio animado y que poseen múltiples significados posibles. El significado final de esos signos no lo conoce aún el poeta: está en el tiempo, el tiempo que entre todos hacemos y a que todos nos deshace [AL 272].

Para Paz la poesía no puede representar la verdad de una comunidad si por verdad uno entiende la obra total y acabada de una comunidad, pero puede hacernos vislumbrar aperturas múltiples en dirección del sentido de ser en común. Los sentidos de la poesía son fluidos, múltiples e históricos en Paz y, por esta razón, consituye un "evento" que interrumpe la racionalidad causal y permite pensar lo impensado o inimaginado, para hacer y deshacer otras formas de comunidad.

Notas

[1] Octavio Paz, *El arco y la lira, La casa de la presencia. Poesía e historia. Obras Completas.* Vol. 1. Mexico: FCE, 1994). De aquí en adelante será citado parentéticamente como AL.

[2] Octavio Paz, "Entrada retrospectiva" en *El peregrino en su patria. Historia y política de México. Obras Completas.* Vol. 8, Mexico: FCE, 1996, 32.

[3] Octavio Paz, *El laberinto de la soledad. Obras Completas.* Vol 8, 176. De aquí en adelante será citado parentéticamente con LS.

[4] Paz, "En el filo del viento: México y Japón" *Obras Completas,* Vol. 8, 414.

[5] Durante la década del cuarenta, los partidarios de una filosofía mexicana, el "Grupo Hiperión," publica una serie monográfica titulada "México y lo mexicano," dirigida por Leopoldo Zea. Véase la entrevista de Claude Fell con Paz de 1975, publicada ahora como "Vuelta a *El laberinto de la soledad*" en *Obras Completas.* Vol 8. Para una historia intelectual de la producción de Paz, ver el estudio de Enrico Mario Santí, *El acto de las palabras. Estudios y Diálogos con Octavio Paz.* Mexico: FCE, 1997, y también los estudios de Pere Gimferrer, Ramón Xirau y Roberto Hozven.

[6] Esta conferencia fue publicada con el título "Posdata" en *Obras Completas.* Vol. 8. De aquí en adelante será citada parentéticamente como PD.

[7] La noción de ejemplo se relaciona al género del ensayo moral, que según Paz, ha sido un modelo para *El laberinto de la soledad.* Ver la entrevista de Fell.

[8] Baso mi análisis de la función del ejemplo y de la ejemplaridad en Alexander Gelley, ed., *Unruly Examples. On the Rhetoric of Exemplarity.* Stanford: Stanford University Press, 1995; Ewa Ziarek, "The Beauty of Failure: Kafka and Benjamin on the Task of Transmission and Translation" en A. Gelley, ed., *Unruly Examples*; y Thomas Keenan, *Fables of Responsabilities. Aberrations and Predicaments in Ethics and Politics.* Stanford: Stanford University Press, 1997.

[9] Gelley, 2-3.

[10] Para Gelly, "es el alcance externo en dirección de un agente receptivo que constituye la dimensión retórica (pragmática) del ejemplo," 3.

[11] El empleo de vocablos tales como necesidad, auto-conciencia, dialéctica son una clara indicación de la influencia de Hegel y Marx en el ensayo. Como lo veremos, tanto estos conceptos, como también la matriz dialéctica, son sometidos a un proceso de diseminación. Sobre las fuentes de *El laberinto de la soledad*, ver Santí.

[12] Sobre este tema, véase Santí y Alberto Moreiras, "Alternancia México/Mundo en la posición crítica de Octavio Paz" en *Nueva Revista de Filología Hispánica* (México), 1987, 35:1, 251-264.

[13] Otra manera de pensar la duplicidad del ejemplo es diciendo que el ejemplo es al mismo tiempo dialectizable e indecidible.

[14] Como es bien sabido, la caracterización que Paz hace del pachuco ha suscitado críticas enérgicas por ser consideradas racistas y clasistas.

[15] Santí enfatiza la lectura psicoanalítica del principio estructurante del ensayo: la neurosis del pachuco se convierte en prototipo de la del resto de la

nación. Aunque esta lectura es rica en implicaciones, mi meta es mostrar que el problema central del ensayo es precisamente lo prototípico o ejemplar.

[16] Mi lectura de la cuestión del modelo o ley en Paz difiere sensiblemente de la interpretación que Brett Levinson desarrolla en *Secondary Moderns. Mimesis, History and Revolution in Lezama Lima's "American Expression"*. Lewisburg: Bucknell University Press, 1996.

[17] Sobre la retórica del fracaso y de su relación con el ejemplo, ver Ziarek.

[18] Paz, "Vuelta al *Laberinto de la soledad*," *Obras Completas*, Vol. 8, 245

[19] Jean Luc Nancy, *The Inoperative Community*. Minneapolis: University of Minnesota Press, 1991. Ver también los paradigmas de comunidad en Claude Lévi-Strauss, Georges Bataille, Roger Callois, Marcel Mauss y Emile Durkheim.

[20] La lectura de Santí sobre la función del mito es sensiblemente distinta de la nuestra: "... esos mitos antiguos no son, propiamente, el objeto del ensayo. La máscara, la Fiesta, el culto a la muerte, el grito obsceno, que son los estudiados, no forman ... tanto instancias de una mitología cuanto manifestaciones cotidianas de la vida moderna, síntomas hasta cierto punto insólitos de una psique colectiva que muestra la supervivencia de lo sagrado," 195.

[21] Sobre la relación entre la modernidad y el mito, ver Theodor Adorno and Max Horkheimer, *The Dialectic of Enlightment*. New York: Continuum, 1987; Jean-Francois Lyotard, *La condición postmoderna*. Madrid: Cátedra, 1984.

[22] La pregunta que Paz formula hace referencia a lo que en una nota de 1933 llama la esperanza por una alternativa socialista en Latinoamérica. El desencanto de Paz con los proyectos socialistas a partir de los años cuarenta es bien conocido. Ver José Quiroga, *Understanding Octavio Paz*. Columbia: University of South Carolina Press, 1999.

[23] La relación entre lo universal y lo particular ha sido ampliamente discutida por la teoría contemporánea. Véase E. Laclau, *Emancipation(s)*. London: Verso, 1996; E. Balibar y I. Wallerstein, *Race, Nation, Class: Ambiguous Identities*. London: Verso, 1991; J. Rancière, *On The Shores of Politics*. London: Verso, 1995 y J. Derrida, *The Other Heading: Reflections on Today's Europe*. Bloomington: Indiana University Press, 1992.

[24] Octavio Paz, "Los signos en rotación," *Obras Completas*. Vol. 1, 253. Este ensayo se convirtió en el epílogo a *El arco y la lira*.

[25] Santí observa que la importancia que para Paz tiene la función de la poesía en relación a la historia y tradiciones de México ya aparece en ensayos de la década del treinta, publicados en *Primeras letras (1931-1943)*, así como también en ensayos posteriores. Ver "Introducción a *Primeras Letras*."

[26] Para Heidegger "La poesía es el nombre fundador del Ser y de la esencia de todas las cosas . . . La poesía es la lengua originaria del pueblo histórico", en Leslie Hill, *Blanchot. Extreme Contemporary*. London: Routledge, 1997.

[27] *El arco y la lira* está basado en parte en una conferencia de 1942 titulada "Poesía de la soledad y poesía de la comunión." En el prólogo a sus *Obras Completas, La casa de la presencia* que incluye *El arco y la lira*, Paz habla de este ensayo, refiriéndose a los conceptos empleados y al tenor de la discusión sobre la poesía y la modernidad como "simplista y sumaria," 22.

[28] Véase Santí, "Crítica y política: 'El arco y la lira' y el poeta crítico." En una entrevista que tuvo lugar en Japón en 1989, Paz insistirá sobre la prioridad de la voz sobre la escritura. Ver *Obras Completas*. Vol. 8, 414.

[29] Juan José Saer parece hacerse eco de esta idea de Paz en "Exilio y literatura," *Una literatura sin atributos* en *El concepto de ficción*. Buenos Aires: Ariel, 1997.

[30] Para un análisis del concepto de pasividad, ver Thomas C. Wall, *Radical Passivity*. Albany: SUNY Press, 1999.

[31] "El poeta escucha. En el pasado fue el hombre de la visión. Hoy aguza el oído y percibe que el silencio mismo es voz, murmullo que busca la palabra de su encarnación. El poeta escucha lo que dice el tiempo, aún si dice: nada" [AL 272]. Esta formulación recuerda el llamado nietzscheano de tener los oídos preparados pare escuchar lo "in-audito" (sin precedente, desconocido).

[32] Samuel Weber, "Mass Mediarus," 78-79

[33] Martin Heidegger, "The Age of the World Picture" en *The Question Concerning Technology and other Essays*. W. Lovitt, trans. New York: Harper and Row, 1977. [La época de la imagen del mundo].

[34] Mi discusión de la imagen se basa en Marie-Claire Ropars-Wuilleumier, *L' idée d' image*. Vincennes: PUV, 1995.

[35] Maurice Blanchot, *L' entretien infini*. París: Gallimard, 1976.

[36] La noción de imagen poética en Paz ilumina la discusión sobre el pachuco en *El laberinto de la soledad*. Como Narciso, el pachuco de Paz desafía la ley de la identidad.

[37] Ver el Capítulo I para una análisis del concepto de *Jetzseit* en Benjamin.

[38] A. Moreiras también analiza esta problemática en su ensayo sobre Paz.

CAPÍTULO IV

Los nombres imposibles: lectura y traducción en Borges[1]

> *Todo lenguaje es un alfabeto de símbolos cuyo ejercicio*
> *presupone un pasado que los interloctures comparten*
> J. L. Borges, "El aleph"[2]

A partir de los años cuarenta y en respuesta a los virulentos ataques contra lo que se percibía como una obra extranjerizante e inhumana, Borges se interroga sobre aquello que constituye un lenguaje en común y sus implicaciones para una práctica de la escritura literaria.[3] La pregunta crucial que articula la empresa borgiana toca la posibilidad de la existencia de un lenguaje argentino auténtico que daría origen a una literatura nacional. Esta preocupación recorre los textos borgeanos y ya en los años veinte, en "El idioma de los argentinos" (1927), Borges responde a este interrogante al referirse a una doble particularidad: "dos influencias antagónicas entre sí militan contra un habla argentina. Una es la de quienes imaginan que ese habla ya está prefigurada en el arrabalero de los sainetes; otra es la de los casticistas o españolados que creen en lo cabal del idioma y en la impiedad o inutilidad de su refacción" [IA 36]. Ni la jerga de los márgenes porteños y su implícita unidad de lugar, ni la coherencia lingüística de un castellano de diccionario que nadie habla, logran captar la "voz" del castellano hablado en la Argentina. En otras palabras, estos lenguajes ya están cristalizados, definidos de antemano a partir de un sentido propio garantizado por coordenadas culturales pre-establecidas.

Si un cierto nacionalismo cultural impuso los parámetros normalizadores que una noción pedagógica de las esencias argentinas encarnaba (la continuidad con la tradición hispánica, la autenticidad y singularidad que marcarían de una vez y para siempre la autonomía nacional), Borges, en cambio, encuentra que el uso performativo de la lengua puede registrar una comunalidad lingüística: el "no escrito idioma argentino ... *diciéndonos*", en la que es posible oír la entonación o inflexión de ciertas palabras.

Paradójicamente, lo que es común no es necesariamente lo propio, como lo confirman los semas del verbo "compartir" [*compartir*], ya que apuntan tanto a la experiencia común como a la división y distancia que esa experiencia pone en juego. Unión y ruptura son la condición permanente del lenguaje compartido en Borges y esta condición destina al escritor argentino a "la tarea del traductor", dado que en el evento de la escritura, la voz o el dialecto no cohesiona en una estabilidad unificadora de una lengua nacional transparente a la comunidad de hablantes.[4] Borges aborda la problemática de un lenguaje en común a partir de la traducción, experiencia en la que se ponen en juego la transmición, comunicación o representación de sentidos.

Es necesario, entonces, preguntarse si la traducción en Borges posibilita un acceso a otro espacio, a otra cultura o aún a otra lengua y si en la traducción borgeana algún contenido es transmitido. En su escritura abundan momentos en los que la traducción se interrumpe, donde la transmisión de sentidos fracasa o, como en "Emma Zunz", los personajes hablan dos idiomas a la misma vez y la traducción no tiene lugar. ¿Cómo pensar lo que escapa a la traducción misma y sólo podría concebirse como un lenguaje no-localizable? Escribiendo a la sombra de las dos guerras mundiales, en el "El aleph" y en otros textos de los años cuarenta, Borges explora las relaciones entre comunidad y literatura en la medida en que la noción de una comunidad lingüística se revela insuficiente para asegurar la transmisión de significaciones. La preocupación central de Borges es la posibilidad de pensar un tipo de relación que no subsuma ninguno de los términos en cuestión bajo parámetros pedagógicos, normalizadores y representacionales. La idea de un lenguaje compartido lleva a que Borges postule una escritura que pueda considerarse argentina sin ser nacional. La imposibilidad de la traducción o mejor la traducción como imposibilidad o límite de la escritura aparece explícitamente enunciada por Borges en "Los traductores de las 1001 noches":

> Traducir el espíritu es una intención tan enorme y tan fantasmal que bien puede quedar como inofensiva; traducir la letra una precisión tan extravagante que no hay riesgo de que la ensayen.[5]

La tarea del traductor siempre supone un fracaso. Esto no quiere decir que en Borges no haya traducciones o que éste no haya valorado su importancia. De hecho, de diversas formas en los textos de Borges la traducción es una problemática recurrente: "ningún problema tan consustancial con las letras y con su modesto misterio como el que propone una traducción."[6] Pero a pesar de su insistencia, Borges no concibe la traducción simplemente como una actividad interlingüística, o aún, como algunos críticos han sugerido, como la estrategia irreverente de un escritor marginal ante la cultura occidental. Para Borges la traducción es la condición imposible de la posibildad misma de la escritura —condición porque sin traducción no habría escritura, imposible porque la materialidad de sus textos lo confirman. Como bien lo señala Borges en "Las versiones homéricas" (1932) hay una "dificultad categórica de saber lo que pertenece al poeta y lo que pertenece al lenguage" [VH 240]. Y esta dificultad radica en que entre lo que el lenguaje dice y la manera en que lo dice o, entre la intención y la precisión, hay un abismo.[7] Las traducciones en Borges exponen la escritura a ese abismo.

Un primer acercamiento al problema de la traducción en Borges pone de manifiesto que una unidad lingüística capaz de fundamentar y fundar la política de la comunidad nacional no se materializa en sus textos. Esta falta de unidad se despliega en oposición a lo que cierta política cultural ha eregido como ejemplos e insignias del nacionalismo cultural o lingüístico; por ejemplo, el *Martín Fierro* (el llamado poema nacional argentino) o *El Quijote* (el llamado monumento al Hispanismo). En una conferencia tardía, titulada "El libro" (1978), Borges muestra cómo en la selección de poetas nacionales, los países tienden a exhibir un alto nivel de arbitrariedad; como si el poeta nacional no fuera precisamente quien pudiera representar las características del espíritu de la nación sino, más bien, quien subraya, denuncia y declara, monstruosamente, la brecha que existe entre la imaginación y la llamada comunidad nacional. Borges enmarca sus comentarios dentro de una historia del concepto del libro:

> Tenemos entonces un nuevo concepto, el de que cada país tiene que ser representado por un libro; en todo caso, por un autor que puede serlo de muchos libros. Es curioso —no creo que esto haya sido observado hasta ahora— que los países hayan elegido individuos que no se parecen demasiado a ellos. Uno piensa, por ejemplo, que Inglaterra hubiera elegido al doctor Johnson como representante; pero no, Inglaterra ha elegido a Shakespeare, y Shakespeare es —digámoslo así— el menos inglés de los escritores ingleses. Lo típico de Inglaterra es *el understatement,* es el decir un poco menos de las cosas. En cambio Shakespeare tendía a la hipérbole en la metáfora, y no nos sorprendería nada que Shakespeare hubiera sido italiano o judío, por ejemplo. Otro caso es el de Alemania; un país admirable, tan fácilmente fanático, elige precisamente a un hombre tolerante, que no es fanático y al que no le importa demasiado el concepto de patria; elige a Goethe ... Otro caso más curioso es el de España. España está representada por Miguel de Cervantes. Cervantes es un hombre contemporáneo de la Inquisición, pero es tolerante, es un hombre que no tiene ni las virtudes ni los vicios españoles ... Nosotros hubiéramos podido elegir el *Facundo* de Sarmiento ... pero no, nosotros hemos elegido como libro la crónica de un desertor, hemos elegido el *Martín Fierro,* que si bien merece ser elegido como libro, ¿cómo pensar que nuestra historia está representada por un desertor de la conquista del desierto? ... *Es como si cada país pensara que tiene que ser representado por alguien distinto, por alguien que pueda ser, una suerte de remedio, una suerte de triaca, una suerte de contraveneno de sus defectos.*[8]

Borges sostiene que, en lugar de facilitar la contigüidad entre lengua y comunidad, el llamado poeta nacional y el libro nacional son síntomas de una relación problemática e imaginaria (por suspuesto, a la lista de autores propuesta por Borges, habría que agregar a Borges mismo, sobre todo si se tiene en cuenta la discusión suscitada durante el aniversario de su nacimiento). El poeta y el libro nacional parecen hablar un idioma extranjero, representar todo lo contrario de lo que la comunidad quiere que representen y hacerlo en un estilo o en una voz que no son propiamente los de la comunidad lingüística. Pero para ser aún más precisos, habría que decir que el llamado poeta nacional o libro nacional funcionan según la lógica del *phármakon*,–remedio o antídoto– (*triaca* y *contraveneno* son las palabras que utiliza Borges) pero también veneno.[9] Si en la formulación de Borges el poeta y el libro nacional funcionan como el remedio imaginario capaz de sanar las contradicciones de una supuesta unidad comunitaria, también son, literalmente, la muerte, ya que corroen, acentúan y exacerban esa supuesta unidad nacional.

La paradoja que Borges presenta en "El Libro" (la de una representación que en realidad no representa –o al menos no representa lo que debería representar) está, por supuesto, estrechamente vinculado a la traducción. Por eso además debemos tener en cuenta que el vocablo *phármakon* abre el espacio de la traducción misma ya que, al ser traducible como remedio y como veneno, no sólo despliega la cuestión de la traducción interlingüística (de una lengua a la otra), sino también la de una traducción intralingüística (dentro del espacio de la lengua que uno llama propia). Si dentro de cada sistema lingüístico hay varias lenguas o varios idiomas, entonces la posibilidad de hablar de un idioma puro, intacto, incontaminado desde siempre se revela imposible. Además, es evidente que la traducción no puede simplemente consistir en la restitución de lo que nos fue dado en un supuesto original. Es decir, ya no se puede pensar que la traducción ocupe un lugar secundario o subalterno respecto del original, o que aún ocupe un lugar.

Walter Benjamin piensa la traducción fuera de la línea genealógica de herencia y similitud; para el pensador alemán no hay lazos familiares en la traducción, ningún tipo de relación natural. Por el contrario, la traducción y el llamado "original" se convierten en fragmentos de un lenguaje puro, que vendría a constituir el ímpetu mismo para emprender una traducción (es el sueño de una communicabilidad transparente) y, al mismo tiempo, la mayor de las imposibilidades, ya que la multiplicidad de lenguas no permite que el sueño se haga realidad.[10] Para Benjamin, la relación entre traducción y original, entonces, sólo puede ser concebida como un "punto" infinitesimal, un lugar que de hecho es un no-lugar, en la medida en que impide la unidad o la convergencia y sólo "existe" para ser abandonado. Benjamin y Borges rechazan toda relación de subalternidad; nos encontramos ante una traducción parricida, y, por ende, huérfana, ya que queda fuera tanto de la ley del padre, como de la ley de la madre, de esa madre patria que podría suplirle un origen, una identidad.

"El aleph": de espacios y "ser-en-común"

> *Los débiles de ideas, al pensar sobre la primera*
> *letra del alfabeto, se precipitarán a la locura.*
> A. Rimbaud,
> Carta a Paul Demeny, 15 de mayo de 1871.[11]

¿Qué significa para Borges ser un escritor argentino? Este ha sido definido o bien como alguien que depende de tradiciones extranjeras (europeas) y, por ende, como cosmopolita, o bien como alguien desligado de esas tradiciones y, por esa misma razón, nacionalista, caracterización que, aunque de manera negativa, preserva una relación con lo extranjero. El escritor argentino (aunque también se podría decir lo mismo del llamado escritor latinoamericano), ha sido caracterizado en términos de una plenitud de recursos o de una carencia, alguien que está constantemente en búsqueda de una identidad o en pleno proceso de duelo por la pérdida de la que nunca fue propiamente suya. Esta economía implica una constante localización del lugar que éste ocupa. Borges interrumpe esta economía en sus ficciones de los años cuarenta: ni marginal, ni central, ni "intersticial", en "El aleph" (1941) Borges pone en juego una permanente dislocación del escritor y de la escritura.

En este relato, el mediocre poeta Carlos Argentino Daneri le revela a "Borges," el narrador, la existencia del aleph (un punto en el espacio que contiene todos los otros puntos). Daneri descubre el aleph en el sótano de su casa de la calle Garay, descubrimiento que le permite componer el poema épico publicado con el título de "Trozos Argentinos," por el cual recibe el Premio Nacional de Literatura. Leído sólo en referencia a la política literariointelectual de la época y a la complicada relación de Borges con Leopoldo Lugones, el relato podría funcionar como una parodia de las *Odas Seculares* (1910), que Lugones escribe en celebración del Centenario. Al igual que el poema de Daneri, las *Odas* aspiran a una visión enciclopédica y totalizante de la nación; de ahí que celebre sus plantas, ríos, animales y ciudades en una enumeración casi interminable.[12] Como en "La Tierra" de Daneri, el yo poético de las *Odas Seculares* establece también una relación simbiótica y orgánica entre ser y nación, haciendo del poeta su representate natural, dotado del don de dar voz a la comunidad nacional.[13]

Es bien sabido, también, que Borges no recibió el Premio Municipal en 1941 por su *El jardín de senderos que se bifurcan*, que el jurado consideró extranjerizante; decisión que la revista *Nosotros* defendió en 1942 con el siguiente argumento: "Si el jurado entendió que no podía ofrecer al pueblo argentino, en esta hora del mundo, con el galardón de la mayor recompensa nacional, una obra exótica y de decandencia juzgamos que hizo bien."[14] Los partidarios de Borges protestaron por esta afrenta –éste era para entonces un escritor reconocido– y "El aleph" puede, en parte, ser leído como la "venganza" personal de Borges contra los miembros del jurado. En esos años ningún lector medianamente informado podría no haber sabido que Alvaro Melián Lafinur, la persona que Daneri quiere que prologue su poema, era el único miembro del jurado que votó en favor de Borges.

Pero más allá de estos datos circunstanciales, el problema central de "El aleph" no es sólo el rechazo borgeano de una cierta literatura nacionalista, sino sobre todo la exploración de las consecuencias de la fundación de la producción literaria en una definición previa de cultura y, especialmente, de cultura nacional. En dicho relato la posibilidad e imposibilidad de pensar las relaciones entre literatura y comunidad son abordadas no como tema u objeto de representación, sino como lo que se produce en la práctica misma de la escritura. Una serie de interrogaciones que tocan a la posibilidad de escribir lo "en-común" y a la naturaleza del lenguaje de tal empresa organizan el relato. ¿La preposición "en" de la expresión "en-común" presupone un lugar, debe presuponerlo para pensar la dimensión ético-política de la literatura? Si la respuesta es negativa, ¿cómo articular las significaciones de la literatura, cómo nombralas?

"El aleph" ha sido leído en conjunción con el ensayo "El escritor argentino y la tradición" y como la confirmación ficcional de la tesis principal del ensayo: la idea que aún un subalterno escritor argentino tiene acceso a toda la tradición de Occidente[15]. En su análisis del ensayo en cuestión, Ricardo Piglia enmarca la tesis de Borges de la siguiente manera: "¿qué quiere decir la tradición argentina? Borges parte de esa pregunta y el ensayo es un manifiesto que acompaña la construcción ficcional de "El aleph", su relato sobre la escritura nacional. ¿Cómo llegar a ser universal en este suburbio del mundo?"[16]

Como escritor subalterno, Borges, según Piglia, debe definir su posición en relación a las tradiciones hegemónicas, que maneja y domina (dado que accede a ellas a través de la biblioteca), pero de las cuales está igualmente desposeído por su lugar marginal y secundario (por el hecho de ser argentino):

> La tesis central del ensayo de Borges es que las literaturas secundarias y marginales, desplazadas de las grandes corrientes europeas tienen la posibilidad de un manejo propio, "irreverente", de las grandes tradiciones. Pueblos de fronteras, que se manejan entre dos historias, en dos tiempos, y a menudo en dos lenguas. Una cultura nacional dispersa y fracturada, en tensión con una tradición dominante de alta cultura extranjera. Para Borges °este lugar incierto permite un uso específico de la herencia cultural. [51]

Aunque desplazado (disperso y fracturado) en relación con ese centro que para Piglia representa la cultura europea, las literaturas secundarias y marginales son capaces de producir usos específicos de esas tradiciones centrales y centradas. A través de lo que parece ser una treta del débil, las literaturas marginales, en el esquema de Piglia, asumen un lugar propio al que se designa como la frontera.[17]

Pero para que esta estrategia funcione las categorías que Piglia emplea no pueden más que depender de la unidad previa de los espacios diferenciados que, en un segundo momento, se encuentran en relaciones oposicionales: europeo/argentino, extranjero/nacional, centro/margen, alta cultura/cultura subalterna, si bien el primer término de cada uno de estos binomios conceptuales parece poseer una plenitud negada al segundo.[18] La irreverencia del escritor subalterno dependería, entonces, de la manera en que éste vendría a llenar el vacío que implican esas relaciones binarias, la barra que separa los términos en cuestión. Podrá lograrlo, según Piglia, si mezcla, plagia o roba esos elementos de la tradición hegemónica que hacen posible un acceso, que liberan una potencialidad ("un llegar a ser") que sería imposible lograr de otra manera.

Sin embargo, el argumento del ensayo "El escritor argentino y la tradición" está estructurado a partir de una serie de metáforas espaciales que, como veremos, complican la rigidez de todo esquema dependiente de oposiciones binarias, al mismo tiempo que clausuran cualquier síntesis dialéctica de términos opuestos. En este ensayo todo parece apuntar a una falta de contigüidad entre lo que el nacionalismo cultural define como propiamente argentino y como extranjero. Contra las supuestas relaciones de sangre que ciertos críticos leen en las literaturas argentinas y españolas; es decir, sobre la unidad lingüística que debería ser su base mutua, Borges afirma que la literatura española es "difícilmente gustable"; mientras que contra la afirmación según la cual *Don Segundo Sombra* es la novela más argentina, Borges responde que no sería así si los trazos de la tradición literaria francesa y del *Kim* de Kipling no estuvieran inscriptos en la escritura de Güiraldes.

Como en su conferencia "El libro", a través de "El escritor argentino y la tradición" Borges sostiene que para poder comunicar el sabor de un cierto país, el texto debe estar atravesado por una marca de diferencia. El texto, entonces, debe ser impropio y esta impropiedad aparece cifrada en un elemento lingüístico que parecería presentar un caso límite a la traducción: el nombre propio.[19]

> Durante muchos años, en libros ahora felizmente olvidados, traté de redactar el sabor, la esencia de los barrios extremos de Buenos Aires; naturalmente abundé en palabras locales, no prescindí de palabras como cuchilleros, milonga, tapia y otras. Luego, hará un año, escribí una historia que se llama *La muerte y la brújula* que es una suerte de pesadilla, una pesadilla en que figuran elementos de Buenos Aires deformados por el horror de la pesadilla; pienso allí en el Paseo Colón y lo llamo Rue de Toulon; pienso en las quintas de Adrogué y las llamo Triste-le-Roy; publicada esa historia, mis amigos me dijeron que al fin habían encontrado en lo que yo escribía el sabor de las afueras de Buenos Aires. Precisamente porque no me había propuesto encontrar ese sabor, porque me había abandonado al sueño, pude lograr, al cabo de tantos años, lo que antes busqué en vano. [270-1]

Borges muestra que no hay una relación natural, directa o lógica entre nominación e imaginación. Ninguna analogía puede establecerse en lo que va de Paseo Colón a Rue de Toulon ya que el primero no es la metáfora del segundo. De hecho, entre lo que se busca significar (Paseo Colón) y la manera en que el lenguaje significa (Rue de Toulon), existe una no-relación que, no obstante, logra captar "el sabor" de ese orden de significación. Según Borges, en "La muerte y la brújula" la escritura vendría a funcionar como el otro de la traducción pero aún así, ésta retiene, como lo sostiene Benjamin, un punto minúsculo e irrespresentable capaz de producir sentidos.

Una vez que el lenguaje se revela rebelde a un control completo, una vez que se abandona toda posibilidad de traducción literal, es entonces cuando algo del "original" puede ser comunicado. En otras palabras, no hay manera de hacer que la intención y el nombre coincidan. La diferencia entre imaginación y nominación se establece en términos de la dimensión onírica, como si se tratara de un sueño o, según Borges, del "horror de la pesadilla"; una vez que el escritor se abandona a sí mismo y sucumbe a lo otro de la razón: "porque me había abandonado al sueño, pude lograr ... lo que antes busqué en vano" (271). Para Borges, entonces, el escritor argentino sólo puede ser llamado como tal cuando se abandona a sí mismo, o si pensamos en otro de los sentidos de "abandonado" (orfandad), cuando está fuera de la legalidad y economía de la estructura familiar. Escribir implica no rendir cuentas ante la ley de lo mismo, no acatar su letra, sino rendirse a la ley del otro que hace posible la errancia de la letra y la posibilidad estructural de que no llegue a destino –un sentido "más" propio y último.[20]

El abandono del escritor argentino resulta en su desapropiación permanente, como en el caso de los judíos y los irlandeses: "muchos de esos irlandeses ilustres (Shaw, Berkeley, Swift) fueron descendientes de ingleses, fueron personas que no tenían sangre celta: sin embargo, les bastó el hecho de sentirse irlandeses, distintos, para innovar en la cultura inglesa" [273]. Lo que está en juego para Borges no es el derecho a la adquisición de la tradición de Occidente por parte de un subalterno escritor argentino, sino la desestablización de lo que se entiende como la propiedad del nombre propio, sea este nombre Europa, Irlanda, Francia o Argentina: "no podemos concretarnos a lo argentino para ser argentinos" [274]. Hay algo que excede la nominación, algo que el nombre no puede contener y, para volver al pasaje que citamos más arriba, es también por esta razón que Paseo Colón puede ser traducido como Rue de Toulon. En vez de designar el más concreto y único de los lugares, la traducción de estos nombres propios deshace la especificidad de lo que el nombre supuestamente debe designar.

Para Borges la literatura o, mejor, la escritura, hace posible el olvido de sí mismo y el de su lugar. Independientemente de cuál sea la noción de tradición a la que el escritor argentino se diga pertenecer, es su des-uso en tanto saber que le interesa a Borges, ya que es en este des-uso que las marcas de innovación se dejan leer. Por esta razón, como se afirma en el ensayo, temas italianos pueden "pertenecer" a la tradición literaria inglesa, a través de Chaucer y Shakespeare de la misma manera que las tradiciones literarias francesas e inglesas "pertenecen" a la tradición argentina, gracias a Güiraldes. En tanto traducciones, los textos literarios y artísticos suponen una errancia hacia lo que hay de extraño y extranjero en la nación y aún en uno mismo: "creo que si nos abandonamos a ese sueño voluntario que se llama la creación artística, seremos argentinos y seremos, también, buenos o tolerables escritores" [274]; una errancia que desarticula la integridad de los términos que los binarismos jerárquicos centro/margen, metropolitano/subalterno, extranjero/nacional estarían llamados a perpetuar.

En lugar de funcionar como la ilustración o el ejemplo de "El aleph", "El escritor argentino y la tradición" cuestiona la homología entre el ensayo y el relato. Si, como lo señala Piglia, para Borges el universo puede localizarse en el sótano de una casa de la calle Garay, en la casa fundacional de la nación (Juan de Garay es el nombre del fundador de Buenos Aires) y ese universo se convierte en el contenido mismo del risible poema de Carlos Argentino Daneri, el saber adquirido en el aleph es deslegitimado por el relato, y no puede ser considerado la adquisición triunfante de un subalterno escritor sudamericano. El final de la primera parte del relato apunta en esta dirección. Inmediatamente después que "Borges" el narrador ve el aleph declara: "en la calle, en las escaleras de Constitución, en el subterráneo, me parecieron familiares todas las caras. Temí que no quedara una sola cosa capaz de sorprenderme, temí que no me abandonara jamás la impresión de volver. Felizmente, al cabo de unas noches de insomnio, me trabajó otra vez el olvido" [626].

Lo decisivo del relato, entonces, no pasa por la modalidad de acceso al conocimiento universal del escritor argentino, sino por la necesidad que éste tiene de olvidar ese conocimiento, de la misma manera que en la segunda parte del relato "Borges" no puede recordar la cara de Beatriz. Este olvido es seguido por la destrucción de la casa –su destrucción inminente es la razón por la que Carlos Argentino Daneri se pone en contacto con "Borges"–. En vez de permitir el acceso y la posibilidad de mezclar o combinar elementos de las diferentes tradiciones contenidas en el aleph, éste es, literalmente, una maquina des-apropiadora. ¿Qué le queda al escritor una vez que esto ocurre? ¿De qué elementos "hace uso" una vez que aquél es trabajado por el olvido? ¿Qué significa "hacer uso de", desde esta dimensión del olvido? Ciertamente no se trata aquí de "contenidos" de una literatura nacional –aunque ésta sea heterogénea. La destrucción de la casa (y uno supone del aleph) parecen confirmar esta lectura.

Mitos nacionales, traducciones des-totalizantes

La desapropiación del saber que el aleph efectúa socava también al sujeto, substrato de toda representación. Desde su casa del ser nacional, Daneri intenta transcribir en el lenguaje de su poema la totalidad del universo para hacerse de un nombre y convertirse en un poeta famoso. En Daneri se cifra un tipo de deseo no muy diferente del que se lee en la historia bíblica de la Torre de Babel. La tribu de los Shems también quiere hacerse de un nombre por medio de la creación de un lenguaje universal, que sería el único hablado en la tierra. Los Shems desean la unidad de lugar (la torre) que pondría fin a su dispersión.[21]

La voluntad de poder y el deseo de comunión que para Daneri el poema haría posible, pueden también leerse en términos de la función misma del mito: relato de los orígenes y representación teleológica de un destino colectivo, cuyo objetivo consiste en revelar y fundar[22]; relato de naturaleza comunitaria ya que busca representar "la voz única de todos."[23] El deseo de una unidad de lugar como *locus* de una unión lingüística y comunitaria se evidencia en el poema "La tierra" y el jurado que premia a Daneri también lo lee como una representación de la comunidad nacional, reconociendo así su función mítica. El procedimiento de Daneri consiste en hacer de la simultaneidad temporal del aleph, una descripción total del espacio:

> Éste se proponía versificar toda la redondez del planeta; en 1941 ya había despachado unas hectáreas del estado de Queensland, más de un kilómetro del curso de Ob, un gasómetro al norte de Veracruz, las principales casas de comercio de la parroquia de Concepción, la quinta de Mariana Cambaceres de Alvear en la calle Once de Setiembre, en Belgrano y un establecimiento de baños turcos no lejos del acreditado acuario de Brighton. Me leyó ciertos laboriosos pasajes de la zona australiana de su poema [620].

Lévi-Strauss define el mito como un relato que traduce el tiempo en espacio; que hace del primero una grilla sobre la cual conferir sentido al mundo, a la sociedad y a la historia.[24] De hecho, la producción de mitos es una puesta en representación del mundo y, por esta razón, el mito puede ser considerado fundacional, orientado como está hacia la construcción de bases comunes. El mito es entonces una narración que provee un fundamento sobre el cual construir y fundar la comunidad. Este sentido de fundamento y este fundamento del sentido es lo que Daneri piensa haber encontrado en el sótano de su casa de la calle Garay; para Daneri el aleph hace posible la fundación de un mito nacional. A través de su experiencia del aleph Daneri desea crear una literatura total y totalizante, una literatura donde la imagen y el sentido converjan y cuyo lenguaje consista en la revelación de la verdad: la verdad de su poema como representante de la comunidad nacional. Pero la experiencia de "Borges" frusta el proyecto de Daneri y su voluntad de poder decirlo todo. En la segunda parte del relato, inmediatamente después que "Borges" ve el aleph, la casa/torre es destruída, como sucede en el relato del Génesis. Además, el único otro testigo del aleph, "Borges," no puede transmitir su verdad, producir una traducción completa, íntegra, como la que quisiera Daneri.

La experiencia de "Borges" pone en cuestión la posibilidad misma de hacer literatura a partir del aleph: "arribo, ahora al inefable centro de mi relato, empieza, aquí, mi desesperación de escritor" [624]. Hay una brecha entre el tiempo del aleph y el tiempo de la escritura; el aleph funciona como lo que Benjamin llama un texto sagrado en el cual la letra y el sentido no pueden ser disociados. Funciona también como la traducción que Hölderlin hace de Sófocles en la que "la harmonía del lenguaje es tan profunda en ellas que el sentido sólo es rozado por el idioma como un arpa eólica por el viento precisamente por esto subsiste el peligro inmenso y primordial inherente a todas las traducciones: que las puertas de un lenguaje tan ampliado y perfectamente disciplinado se cierren y condenen al traductor al silencio."[25] El aleph marca el límite de la escritura borgiana ya que es, simultáneamente, lo que no puede ser traducido (funciona entonces como un nombre propio, único) y lo que requiere traducción porque pertenece a un sistema común, el lenguaje.

Como en el caso de "El escritor argentino y la tradición", donde Borges explica su traducción de Paseo Colón por Rue de Toulon, el nombre propio teóricamente no debería necesitar ser traducido, ya que nombra, sin ambigüedad, un lugar o individuo concreto. Sin embargo, en el ensayo se hace evidente que la escritura presupone un sistema de diferencias que pone en cuestión la noción misma de lo propio y, de esta manera, descompone la unicidad y originalidad de Argentina como nombre propio, así como también su adjetivación en literatura, cultura y tradición. Para los defensores del nacionalismo cultural dicha traducción no sería posible, dado que éstos sostienen que el nombre de la nación, su apelación, es uno y absoluto. Es por esta razón que Daneri cree que al escribir su poema titulado "La Tierra" está traduciendo de forma literal y del original; es decir, que está escribiendo un poema propio y original y, por esta misma razón, un poema nacional.

Más cerca de un Cervantes, de un Goethe, de un Shakespeare o de un Hernández, que de Carlos Argentino Daneri, en "El aleph" "Borges" está expuesto a la angustia de un escritor posbabélico. En el acto de traducir del o a un idioma extranjero, el escritor experimenta la extranjería del lenguaje que supone es el propio. La traducción requiere una creación de similitudes y comparaciones allí donde no existen términos comunes. "Borges" sostiene que "todo lenguaje es un alfabeto de símbolos cuyo ejercicio presupone un pasado que los interlocutores comparten, ¿cómo transmitir [o traducir] el infinito Aleph que mi temerosa memoria apenas abarca?" [624]. El abismo al que se expone Borges "existe" porque el texto por traducir no pertenece ni al lenguaje original ni al lenguaje de la traducción; sustraído de su lenguaje original habita un "lugar" incierto. El texto que pensábamos era definitivo y completo, se convierte, como su traducción, en algo inestable, lleno de silencios y secretos.[26]

El descenso al sótano que alberga al aleph no arroja revelación o verdad alguna que pueda ser capturada por la escritura. Como en el caso de "El escritor argentino y la tradición," es precisamente cuando el primero ya no busca encontrar sino abandonar(se) que el "sentido" puede ser comunicado, aunque éste ya no sea un sentido último. El lenguaje, "Borges" parecería indicar, resiste una traducción total, aunque la fuerza de esa escritura sea el deseo de comunicación, el deseo que también se relaciona con el deseo de (y por) Beatriz Viterbo; deseo de reconciliaciones imposibles, de uniones fascinantes y monstruosas. ¿Por qué fascinantes y monstruosas? Porque en el aleph "Borges" encuentra la posibilidad misma de poder decirlo todo (el sueño de todo escritor), pero también encuentra lo indecible mismo –la muerte– lo que no puede ser articulado por el lenguaje. Pero aún dada esta situación, el deseo de comunicación no desaparece por ser imposible o estar fuera del alcance del lenguaje.

Como se hace evidente en la segunda parte del relato (la posdata), el leve rumor del aleph sigue haciéndose oír a través de una columna (¿la única que todavía está en pie después de la destrucción de la Torre?) en una república fundada por nómadas. El aleph sigue funcionando como horizonte, aunque ahora se encuentre exiliado, fuera de Occidente (en el Cairo), fuera del registro de la escritura fonética y alfabética y, también, fuera de los parámetros de un territorio nacional (cabe suponer que una república de nómadas es un contrasentido). El aleph, ese objeto secreto y conjetural cuyos contenidos son imposibles de traducir, marca el límite de la escritura borgeana, marca el fracaso del lenguaje, pero también la posibilidad de la escritura misma. Después de todo, el relato que leemos lleva también por título "El aleph," aunque este aleph haya sido trabajado por el olvido, de-construido por medio de los trazos y restos de un saber infinito y total.

Ninguna lengua es un todo orgánico, nos dice Borges una y otra vez; el supuesto original está desde siempre des-articulado, exiliado, expuesto a una errancia infinita. Como bien lo señala el narrador al final de "El inmortal," el escritor trabaja con palabras desplazadas y mutiladas. Las traducciones son fragmentos de fragmentos que, como la ánfora de Benjamin, no logran reconstituir totalidad alguna. La escritura de Borges, entonces, sigue la lógica del *phármakon*, a la que nos referimos al inicio de este capítulo. En su escritura, lo que antes dijimos era secreto o misterioso es, por supuesto, el lenguaje mismo; un lenguaje que promete traducir el espíritu de lo que llamamos *patria*, pero que simultáneamente frustra toda posibilidad de proclamar la existencia de una literatura nacional.

"Beatriz querida, Beatriz perdida para siempre": muerte, deseo, imagen

> *Escribir para morir —morir para escribir.*
> Maurice Blanchot, L'*espace littéraire*
>
> *El trabajo de duelo: el revés de morir.*
> Maurice Blanchot, *Le pas au delá*

En la medida en que el aleph marca el límite de la escritura borgeana, nos compele a re-pensar la relación que ésta mantiene con la muerte. La muerte como posibilidad e imposibilidad de la escritura es una cuestión recurrente en los textos de Borges y en "El aleph" los efectos del carácter ambiguo de la muerte ocupan un lugar importante en la estructura del relato. El peregrinaje anual de "Borges" a la casa de la calle Garay después de la muerte de Beatriz (según el narrador ella muere en 1929 y el relato está datado en 1941), ocupa un espacio considerable del texto. En dicho peregrinaje anual se anudan lenguaje, muerte y finitud.

El poder negativo del lenguaje ocupa un papel preponderante en esta secuencia y su relación con la muerte de Beatriz bien podría leerse dentro de una concepción hegeliana del lenguaje. Para el filósofo alemán el lenguaje encuentra su verdad en la finitud de la muerte, dado que ésta es la fuente de toda negatividad que separa al signo del objeto y hace posible el lenguaje.[27] El trabajo de duelo del narrador hace de la muerte un objeto, la transciende y transforma en un nuevo comienzo. De hecho, la muerte de Beatriz hace posible la narración del relato titulado "El aleph"; el fin sirve de comienzo.

> La candente mañana de febrero en que Beatriz Viterbo murió noté que las carteleras de fierro de la Plaza Constitución habían renovado no sé qué aviso de cigarrillos rubios; el hecho me dolió, pues comprendí que el incesante y vasto universo ya se apartaba de ella y que ese cambio era el primero de una serie infinita [617].

Aunque rivales intelectuales y amorosos, tanto para "Borges" como para Daneri la casa funciona como la posibilidad y el lugar mismo de la representación. Para Daneri el aleph es el objeto que permite construir un relato universal y nacional; para "Borges" la muerte de Beatriz hace posible el proceso de duelo y, por ende, la narración de su deseo: "muerta yo podía consagrarme a su memoria, sin esperanza, pero también sin humillación" [617].

Sin embargo, la experiencia del aleph a la que "Borges" se expone perturba la idea de narración entendida como posibilidad misma de representación, ya que aquella pone de manifiesto que la escritura marca la imposibilidad de la muerte. De hecho, es después de ver el aleph que el narrador alcanza el centro inefable de su relato, es decir, el momento en el que se descompone el poder negativo del lenguaje:

> ...el problema central es irresoluble: la enumeración, siquiera parcial, de un conjunto infinito. Lo que vieron mis ojos fue simultáneo. Lo que transcribiré, sucesivo, porque el lenguage lo es. Algo, sin embargo, recogeré [625].

Aunque en este pasaje hay una insistencia enfática y repetitiva sobre la visión, la experiecia del aleph vuelve problemática la relación entre el orden perceptivo-cognitivo y el de la representación. Anterior al lenguaje, o "fuera" de éste aunque en su centro mismo, lo que es visto no puede ser conocido; este "algo" que no es una cosa podría ser llamado, con Maurice Blanchot, *imagen*:

> La mirada...[es] absorbida por un movimiento inmóvil y una profundidad sin fondo. Lo que se da en este contacto a distancia es la imagen, y la fascinación es pasión por la imagen. Lo que fascina nos roba del poder de otorgar sentido... No se descubre ante nosotros, aunque se afirma en una presencia extraña al presente temporal y a la presencia espacial. La separación, que antes era la posibilidad de ver, se coagula en el centro mismo de la mirada como imposibilidad. La mirada encuentra, en lo mismo que la hace posible, el poder que la neutraliza; no suspendiéndola o deteniéndola, sino, al contrario, imposibilitando que se termine, substrayéndola de cualquier comienzo, haciendo de ella el brillo neutro y sin dirección que no se apaga, pero tampoco clarifica.[28]

Ni signo ni valor, la imagen está fuera del registro del sentido o de la verdad. Por esta razon, "ver" el aleph no es una condición suficiente para convertirlo en un objeto. Paradójicamente es Daneri quien revelará esta caracterísitica de la imagen cuando burlonamente le dice a "Borges", antes que éste descienda al sótano, "muy en breve podrás entablar un diálogo con *todas* las imágenes de Beatriz" [624, énfasis en el original]. Su uso de la palabra "imagen" denota que el aleph no pertenece al orden de la representación, y que, por ende, marca la interrupción de aquello que en la primera parte del relato hace posible la narración. Si en la planta alta de la casa "Borges" sólo puede acercarse a los retratos de Beatriz, a representaciones realistas de una ausencia, en el aleph "Borges" se enfrenta con el cadáver, esa "reliquia atroz" que desafía la representación porque, estrictamente hablando, su estatuto no es ni el de la presencia ni el de la ausencia, sino el de la imagen.

Las imágenes del aleph escapan al orden de la representación porque la muerte no es un fin en este relato; son infinitas y exceden la finitud presupuesta por el poder negativo de la muerte. Como lo señala Daneri, "Borges" podrá dialogar con todas las imágenes de Beatriz precisamente porque Beatriz no está lo suficientemente muerta y nunca podrá estarlo. Estas imágenes apuntan a un exceso o alteridad que no puede ser calculada (y por eso tampoco contada o narrada) o incorporada en una economía para ser apropiada por un saber.

En las *Las letras de Borges* Sylvia Molloy señala que los finales de los textos borgeanos nunca son finales, sino "muertes desviadas", siempre interrumpidos por el trabajo textual que, al hacerlos cambiar de signo, los hace recomenzar aunque de manera diferente.[29] En "El aleph" la muerte cumple, por un lado, una función negativa; hecho establecido cuando el narrador enuncia su teoría del lenguaje: "el problema central es irresoluble". Pero por el otro, en los textos borgianos y en conjunción con esté aspecto negativo de la muerte inscripto en una dialéctica progresiva de un devenir infinito, hay otra idea ambigua de la muerte, "algo" que en su misma imposibilidad precede el fin y posibilita que la singularidad de las "cosas" se presente de manera pre-objetiva.

Esta segunda versión de la muerte hace posible la escritura, pero es aquello que no puede hacerse presente "tal cual": lo que en

"La muralla y los libros" Borges llama "la imminencia de una revelación que no se produce" [OI 13]. Lo que se da a leer en el caso de la imagen de Beatriz es el morir más que la muerte, como sucede en "El muerto," relato en el que la muerte de Otálora sólo es el fin redundante de una muerte anterior −"porque ya lo daban por muerto, porque para Bandeira ya estaba muerto. Suárez, casi con desdén, hace fuego" [A 549].

Esta redundancia de "la otra muerte", señala una temporalidad compleja, la del morir, según la cual la muerte nunca puede hacerse presente. El "fin" de Otálora es sólo la repetición de un pasado que nunca fue presente y, por esta misma razón, nunca podrá pasar y concretarse en un futuro. En los textos borgeanos, es imposible dominar el poder negativo de la muerte, hacer de ella algo propio. La muerte nunca viene a completar o coronar un destino, el fin de la vida como obra. Y en la medida en que "mi muerte" nunca puede ser experimentada como tal (precisamente porque nunca puedo decir "Yo estoy muerta"), ésta hace imposible todo trabajo negativo. El morir, entonces, socava cualquier noción de sujeto auto-presente, auto-suficiente: "yo" no puedo controlar lo que siempre me precede o está fuera de mi control (o experiencia), y por ende, no puedo enunciar discurso alguno sobre este exceso irreductible desde una posición magisterial.

Se podría decir que Daneri teme la destrucción de la casa y del aleph porque teme a la muerte misma. Su deseo de hacerse de un nombre, de convertirse en un poeta famoso habla a las claras de un deseo de inmortalización. Pero de lo que Daneri no se da cuenta es que su nombre en vida ya marca su muerte y lo abre a una alteridad, a una desapropiación, de la cual no es posible dar cuenta alguna. Daneri quiere sortear o burlar la ley de la traducción, quiere ser el primero y piensa que el aleph le permitirá llevar a cabo tal objetivo.

Sin embargo, en la experiencia que "Borges" tiene del aleph se despliega otra versión de la problemática planteada por Daneri:

... vi un adorado monumento en la Chacarita, vi la reliquia atroz de lo que deliciosamente había sido Beatriz Viterbo, vi la circulación de mi oscura sangre, vi el engranaje del amor y la modificación de la muerte ... vi mi cara y mis vísceras, *vi tu cara* y sentí vértigo y lloré, porque mis ojos habían visto ese objeto secreto y conjetural, cuyo nombre usurpan los hombres, pero que ningún hombre ha mirado: el inconcebible universo [A 626; la negrilla es nuestra]

La lista de cosas que "Borges" ve en el aleph forma parte de una narración necesariamente incompleta que intenta captar la simultaneidad del inconcebible universo. En este sentido, el aleph puede pensarse como la inversión de la enciclopedia china de Borges que Michel Foucault analiza en *Las palabras y las cosas*.[30] En la presentación heteróclita de la enciclopedia, la noción de orden se ve suspendida por el socavamiento del fundamento sobre el que ésta reside. Pero si la enciclopedia interrumpe la noción de *locus* común, el aleph parecería presentar la posibilidad de una restitución del orden de las cosas, de una coincidencia de las palabras y las cosas. El uso repetitivo de la palabra "vi" parecería hacer de la presentación perceptivo-cognitiva de un sujeto auto-presente el garante de tal coincidencia.

En el sótano de la casa de la calle Garay no hay nada por descubrir más que la verdad auto-presente que, como la carta robada, se exhibe a plena vista.[31] Pero es precisamente la mención de una cierta "presencia" ("tu cara") la que viene a interrumpir la narración de cosas vistas, una interrupción seguida por vértigo y lágrimas, "porque mis ojos habían visto ese objeto secreto y conjetural, cuyo nombre usurpan los hombres, pero que ningún hombre ha mirado: el inconcebible universo" [A 626].

¿Qué es esa cara que interrumpe el fluir perceptivo-cognitivo y que viene a inscribir en la lista una presencia inhumana o, tal vez, divina? Y decimos inhumana o divina precisamente porque "Borges" tiene mucho cuidado en informarnos que "ningún hombre" la había visto antes. La interrupción de la lista ocurre precisamente por medio de una inefable *prosopopeya*: "tu cara" transforma lo invisible en algo visible.[32] Esta prosopopeya marca un punto de viraje, el momento que dará lugar a una elaboración de la poética del relato en la que las nociones de referencialidad y significación (el aquí y el ahora del que hablan el epígrafe del *Leviathan*) son profundamente alteradas.

La prosopopeya es un tropo de apóstrofe, de alocución, que figura al lector y al acto de leer. Sin embargo, el sintagma "tu cara" complica estas dos figuras porque la proposopeya es una figura catacrística: la frase "tu cara" apunta a lo que no existe excepto en el momento mismo de ser enunciado. Como vimos en el análisis de Martínez Estrada en el Capítulo II, la catácresis (como en la expresión "falda de una montaña") no tiene existencia propia como significante, sino que surge en el proceso mismo de significación. Este es un punto importante ya que, como lo señala Paul de Man, un referente sólo puede ser cierto si está abierto a un proceso de fenomenalización: "las propiedades fenomenales y sensoriales del significante deben servir de garantía para la existencia cierta del significado y finalmente del referente".[33]

De hecho, en la parte de la lista de "Borges" que estamos analizando, los significantes listados son fenomenalizados: "vi un adorado monumento en la Chacarita, vi la reliquia atroz de lo que deliciosamente había sido Beatriz Viterbo, vi la circulación de mi oscura sangre, vi el engranaje del amor y la modificación de la muerte...vi mi cara y mis vísceras..." [A 626]. Las facultades sensibles y, especialmente, la certidumbre de la conciencia, son los signos materiales de un evento (el pasar del tiempo, la muerte) que es repentinamente interrumpido por la prosopopeya "tu cara", de la cual es imposible dar cuenta alguna a partir de una experiencia perceptiva previa. Ninguna certidumbre sensible vendría a sostener o garantizar la frase "tu cara".

La prosopopeya descompone la relación entre referencia y significación. Si para Hegel la conciencia y su certidumbre sensible (veo, oigo, pienso) deben garantizar su relación con el tiempo, el espacio y el ser, la prosopopeya como catácresis, en cambio, descompone esta relación. La experiencia que "Borges" tiene del aleph vendría entonces a legitimar el epígrafe de *Leviathan* con que abre el relato:

> But they will teach us that Eternity is the Standing still of the Present Time, a Nunc-stans (as the Schools call it); which neither they, nor anyone else understand, no more than they would a Hic-stans for an Infinite greatness of Place. *Leviathan*, IV, 46. [617]

El universo infinito que es el aleph no garantiza el *hic* y *nunc* de la conciencia, la coincidencia entre lo perceptivo-cognitivo y la significación. Por dicha razón en la posdata el aleph se convierte en un falso aleph, una equivocación, uno de los múltiples alephs que se dice existen, poniendo así en duda la noción misma de referencialidad que aparecía garantizada al nivel perceptivo-cognitivo. Esta proliferación de alephs atenta contra cualquier noción de literatura original.[34] El aleph desestabiliza toda concepción de referencialidad basada en una definición previa de cultura; el aquí y ahora aparecen inscriptos no como signos, sino como lo que constantemente interrumpe toda referencia y figuración. En este sentido, y como lo dijimos al principio del capítulo, los textos de Borges pueden ser leídos como máquinas que imposibilitan el acto de traducir, si por tal actividad entendemos una transmisión íntegra que garantice un acceso total al saber. El aleph cancela la noción de traducción entendida como metáfora, como transferecia de valores sin pérdida alguna de un sistema a otro.

Si para Daneri el aleph es un cimiento o suelo sobre el cual fundar una literatura nacional, para "Borges," en cambio, el aleph expone el lenguaje a una alteridad incontrolable e inconcebible. Es importante señalar que precisamente cuando "Borges" está tendido sobre el fundamento o cimiento que sostiene la casa, cuando está literalmente tendido en el piso del sótano de la calle Garay, que el fundamento deja de sub-yacerlo. El infinito aleph expone la imposibilidad de una noción totalizante de literatura; imposibilidad que es una parte constitutiva de esa supuesta totalidad.

La experiencia del aleph hace evidente que el escritor no escribe simplemente a partir del cierre de un sistema, de una tradición o de un periódo histórico. Es decir, de una posición pos(moderna) o como quiera llamársela, cuyo punto de partida vendría a ser el cierre de la metafísica, como si tal tradición fuera simplemente una cuestión del pasado y no de lo que se expone en el acto mismo de escribir como imposibilidad de la escritura.[35] Es precisamente sobre este punto, si así se lo puede llamar, donde la extrañeza de la escritura de Borges es más extrema, dado que ésta ya no puede ser identificada como un espacio exterior que escapa a la metafísica, sino más bien como aquello que interrumpe el impulso totalizador de la metafísica en su búsqueda de plenitud. La interrupción irrumpe como resistencia de la escritura a toda incorporación dentro de una economía metafísica, resistencia que hace posible una entrada (aunque irrepresentable) que permite imaginarla o inventarla como el otro de la metafísica.

Es a partir del don que es posible articular los conceptos de fin, pérdida y duelo a los que nos referimos arriba. La visita anual del narrador a la casa de la calle Garay tiene algo de hito o festejo nacional, hecho que es puntualizado por los humildes regalos autóctonos (un alfajor santafesino, una botella de coñac del país) que el narrador trae para el supuesto cumpleaños de Beatriz: "Consideré que el treinta de abril era su cumpleaños..." [A 617]; si bien el uso del verbo "considerar" implica una cierta postulación subjetiva de la fecha en cuestión o, en otras palabras, que la fecha es incierta o arbitraria.

Si el don involucra tanto al que da como al que recibe en una ley y en una economía de deuda, es porque, a un cierto nivel, éste puede ser considerado como una forma de intercambio, ya que inicia una escena de obligación ante una ley de intercambio y de restitución de lo dado.[36] Pero, si el don fuera sencillamente parte de una economía de intercambio, que supondría un sistema recíproco y simétrico de restituciones, habría muy poco lugar para hablar del don en sí, ya que si hay don, entonces no habría don, porque la ley de intercambio ya está inscripta en su economía y anularía el carácter singular y gratuito de lo dado. Por eso, si hay don tiene que haber pasaje a una economía que exceda la reciprocidad del intercambio.

En "El aleph" el intercambio está directamente relacionado con el estatuto problemático de la referencialidad y, por ende, con el de la metáfora y de la traducción. Sorprendentemente, es Daneri quien anuncia que el aleph podría eludir o sustraerse a la ley del don. Antes que "Borges" descienda al sótano, su rival le dice: "no me pagarás en un siglo esta revelación"[A 626]. La ironía burlona de esta declaración reside en que el descubrimiento que "Borges" está a punto de hacer, el don que libra la revelación, (la imagen de las cartas incestuosas escritas por Beatriz a su primo Daneri) es precisamente lo que impide que ésta sea un don, dado que la imagen misma, el contenido de la revelación, hace imposible que Beatriz pueda constituirse en un objeto de cambio: el incesto desafía la ley del intercambio. Además, la revelación del aleph no se podrá pagar en un siglo precisamente porque el aleph es infinito y no está expuesto a la dualidad sujeto/objeto que subyace a la dimensión negativa del lenguaje. El aleph, entonces, despliega una temporalidad en la cual el fin no es el fin y el don o presente no es un don presente. Y si el aleph se sustrae a la ley del intercambio, se podría decir que también elude la transferencia (de una cosa por otra) y, por ende, la traducción.

Al principio de este capítulo dijimos que para Borges la traducción era una condición imposible de la posibilidad de la escritura. Aunque en sus textos la traducción es una preocupación constante, su fracaso es presupuesto y aún corroborado. De hecho, al poner en cuestión la dimensión negativa del lenguaje, que implica la muerte; al complicar la aprehensión cognitiva y fenoménica del objeto como forma de acceder al saber, al hacer de la referencialidad un problema y no un dado, Borges libera una forma de escritura que responde a lo que no puede ser escrito, pero que es lo único digno de serlo. El aleph expone lo escrito a lo incomparable, a lo que no puede ser traducido, intercambiado o aún transformado en el proceso de duelo. Es el evento del lenguaje mismo que marca la experiencia singular-plural de ser en común.

Notas

[1] Partes de este capítulo fueron presentadas bajo el título "Traducción y nación en Borges: una relación imposible," con motivo de la celebración del centenario del nacimiento de Borges en la conferencia "Tributo a Borges" organizada por el King Juan Carlos Center y el Departamento de Español y Portugués de la New York University en abril de 1999.

[2] Jorge Luis Borges, "El aleph" en *El Aleph. Obras Completas I*. Buenos Aires: Emecé, 1996, 624. De aquí en más, toda referencia a este texto se dará parentéticamente como A.

[3] Sobre la evolución de Borges en relación con el nacionalismo y un sujeto nacional colectivo, ver Gabriel Riera, "Borges' Ghostly Residues," en *Altering Fictions*, Ph.D. Dissertation, UC, Irvine, 1997 y Jorge Panesi, "Borges nacionalista" en *Críticas*. Buenos Aires: Norma, 2000.

[4] Para la relación entre oralidad y traducción en Borges, véase Jaime Concha, "El Aleph: Borges y la historia" en *Revista Iberoamericana* (Apr-Sept 1983) 49, 471-485.

[5] Jorge Luis Borges, "Los traductores de las 1001 noches" en *Historia de la Eternidad. Obras Completas I*. Buenos Aires: Emecé Editores, 1996, 400.

[6] Jorge Luis Borges, "Las versiones homéricas" en *Discusión. Obras Completas I*. Buenos Aires: Emecé Editores, 1996, 239. Toda referencia a este texto será dadas parentéticamente como VH. La serie de textos que abordan y abundan sobre la traducción incluye "Las versiones homéricas," "El acercamiento a Almotásim," "Tlön, Uqbar, Orbis Tertius," "Emma Zunz," "Deutsches Requiem," "La busca de Averroes," entre otros.

[7] En su lectura del ensayo de W. Benjamin, "La tarea del traductor," Paul de Man describe la diferencia entre la nominación y la intención como la diferencia entre *lógos* y *léxis*. Véase su "Walter Benjamin's 'The Task of the Translator'," en *The Resistance to Theory*. Minnesota: University of Minnesota Press, 1986.

[8] Jorge Luis Borges, "El libro" en *Borges Oral. Obras Completas IV*. Buenos Aires: Emecé Editores, 1996. La negrilla es nuestra. Una primera formulación de esta idea aparece en la conferencia sobre el *Martín Fierro* de 1953 incluída ahora en *Obras Completas en Colaboración*, Buenos Aires: Emecé, 1997. Otras entonaciones de esta idea se encuentran en "La poesía gauchesca," en *Discusión* (1932) y en "Sobre los clásicos," en *Otras inquisiciones* (1952).

[9] Ver J. Derrida, *Of Grammatology*. G. Spivak, trad. Baltimore: The Johns Hopkins University Press, 1997.

[10] Véase Jacques Derrida, *The Ear of the Other: Otobiography, Transference, Translation*. Christie McDonald, ed. Lincoln: University of Nebraska Press, 1985.

[11] Arturo Rimbaud, "Carta a Paul Demeny, 15 de mayo 1871", citada en Alain Badiou, *Manifesto for Philosophy*. Albany: SUNY, 1999.

[12] Tal vez con Borges en mente, los editores de la edición de *El payador* de la Biblioteca Ayacucho señalan lo siguiente sobre la selección de las *Odas Seculares* incluidas en el volumen: "La extension de la oda 'A los ganados y las mieses'

(unos mil quinientos versos) impide, lamentablemente, su inclusión total." Leopoldo Lugones, *El payador y antología de poesía y prosa*. Caracas: Biblioteca Ayacucho, 1979, 347.

[13] Para un análisis de las relaciones entre el nacionalismo y la poesía de Lugones, véase María Teresa Gramuglio, "Literatura y nacionalismo: Leopoldo Lugones y la construcción de imágenes de escritor" en *Hispamérica*. Año XXII. Abril/Agosto 1993. No. 64/65, 5-10; también Enrique Zuleta Alvarez, "Borges, Lugones y el nacionalismo" en *Cuadernos Hispanoamericanos. Revista Mensual de Cultura Hispánica*, No.505-507, July-Sept. 1992, 535-49. Además véanse los estudios del mismo Borges, *Leopoldo Lugones*. Buenos Aires: Troquel, 1955 y el prólogo a *El Hacedor*. Buenos Aires: Emecé, 1960.

[14] María Luisa Bastos, *Borges ante la crítica argentina, 1923-1960*. Buenos Aires: Ediciones Hispamérica, 1974, 146.

[15] La fecha exacta de redacción no se conoce, aunque es probable que el ensayo haya sido escrito uno o dos años después de "El aleph." El ensayo se publicó por primera vez en la revista *Sur* en 1955.

[16] Ricardo Piglia, "¿Existe la novela argentina?" en *Crítica y ficción*. Buenos Aires: Siglo Veinte, 1990, 50. La primera versión de este ensayo forma parte de un debate titulado "Sobre la novela argentina," que tuvo lugar en Primer Encuentro de Literatura y Crítica en Universidad Nacional del Litoral en 1986.

[17] Beatriz Sarlo lee a Borges de manera similar: "Borges desestabiliza las grandes tradiciones occidentales y las que conoció de Oriente, cruzándolas (en el sentido que se cruzan los caminos, pero también en el sentido que se mezclan las razas) en el espacio rioplatense...Busco la figura bifronte de un escritor que fue, al mismo tiempo, cosmopolita y nacional." Ver su *Borges, un escritor de las orillas*. Buenos Aires: Ariel, 1995, 13-14.

[18] Dos análisis de "El escritor argentino y la tradición" que informan nuestra lectura son Sandra Contreras,"Variaciones sobre el escritor argentino y la tradición" y Adriana Astutti, "Una mínima confidencia: El escritor argentino y la tradición" en S. Cueto, A. Giordano y otros, *Borges ocho ensayos*. Rosario: Beatriz Viterbo Editora, 1995.

[19] En su introducción a *The Spanish American Regional Novel*, Carlos Alonso señala que para Borges los anhelos nacionalistas por los textos autóctonos están destinados a no ser satisfechos dada la distancia auto-reflexiva que debe intervenir en la producción cultural de cualquier texto autóctono. La "naturaleza del proyecto de definición cultural" irónicamente se hace cómplice de la imposibilidad de que sean "realmente" textos autóctonos. Estamos de acuerdo con Alonso, pero diferimos en la lectura de ese fracaso. La distancia implícita que Alonso encuentra en el gesto reflexivo de todo proyecto cultural (los antropológicos son los que él favorece), nosotros la leemos al nivel del lenguaje. Para Borges es el lenguaje, aún el "propio", que establece la distancia y no necesariamente un agente (el escritor) o los efectos de las definiciones culturales.

[20] El problema de la letra [*lettre*] y las políticas postales son discutidos respectivamente por Jacques Lacan en "Le séminaire su "La Lettre volée," en *Ecrits* París: Seuil, 1966, 11-61 y Jacques Derrida, "Le facteur de la verité" en *La Carte Postale*. París: Flammarion, 1978. Véase también J. Hillis Miller, "Literary

Study in the Transnational University," en Manuel Asensi, *Black Holes. J. Hillis Miller; or, Boustrophedonic Reading.* Stanford: Stanford University Press, 1999.

[21] Jacques Derrida, *The Ear of the Other.* Lincoln: University of Nebraska Press, 1987.

[22] Esta definición del mito, con diferentes inflexiones, se lee en J. G. Frazer, C. Lévi-Strauss, S. Freud y C. Jung. Para una discusión interesante de la función del mito, véase Marcel Hénaff, *Claude Lévi-Strauss and the Making of Structural Anthropology.* Minneapolis: University of Minnesota Press, 1998.

[23] Véase Jean-Luc Nancy, "Myth Interrupted" en *The Inoperative Community.* Minneapolis: University of Minnesota Press, 1991.

[24] En *A View from Afar*, (Chicago: University of Chicago Press, 1993), Lévi-Strauss dice: "Un mito propone una red, definible sólo por sus reglas de construcción. Para los miembros/participantes de la cultura a la que el mito pertenece, esta red le confiere sentido no sólo al mito sino a todo lo otro: a las imágenes del mundo, de la sociedad, de su historia, de la que los miembros del grupo son más o menos conscientes," 145-46.

[25] Walter Benjamin, "La tarea del traductor," en *Angelus Novus.* H. A. Murena, Trad. Barcelona: Edhasa/Sur: 1971, 139-9.

[26] Esta es la tesis sostenida por Juan B. Ritvo en *La edad de la lectura.* Rosario: Beatriz Viterbo Editora, 1992.

[27] Véase Leslie Hill, *Blanchot: Extreme Contemporary.* London: Routledge, 1997, 113.

[28] Maurice Blanchot, *L'espace littéraire.* Paris: Gallimard, 1995.

[29] Sylvia Molloy, *Las letras de Borges y otros ensayos.* Rosario: Beatriz Viterbo Editora, 1999, 67-8. También véase D. Kadir, *Questing Fictions*, especialmente el capítulo X, "Borges's Ghost Writer."

[30] Véase la excelente crítica a Foucault de S. Molloy en *Las letras de Borges*, Capítulo VII: "El soterrado cimiento."

[31] Véase Guillermo Martínez, "Rescate de unas cartas obscenas," *Clarín.* Cultura *y Nación.* Buenos Aires, 22 de agosto de1999.

[32] Véase Paul de Man, "Hypogram and Inscription" en *The Resistance to Theory*.

[33] Paul de Man, "Hypogram and Inscription," 48.

[34] En la cábala, el aleph es la primera letra del Libro de la Creación, el *Sefer Yezirah*, que señala la verdad divina ["emet"]. Pero si se borra la primera letra del nombre del aleph, la palabra significa muerte. Vida y muerte cohabitan en el aleph. Véase Gershom Scholem, *Kabbalah.* New York: Penguin, 1978. Para una lectura de la relación entre la cábala y "El aleph" que difiere sensiblemente de la nuestra, véase Lisa Block de Behar, "Borges o la ironías de un vidente ciego." También véase toda la serie de textos de Borges que usan motivos y procedimientos de la cábala: "El golem" en *El otro, el mismo*; "Una vindicación de la cábala," en *Discusión* y "La cábala," en *Siete noches.*

[35] Alberto Moreiras considera los efectos del cierre de la metafísica como parte central de una cierta producción cultural latinoamericana, dentro de la cual incluye a Borges: "los textos estudiados incidirían en un tercer espacio donde las relaciones entre figuralidad literaria y perspectiva teórica están radical-

mente problematizadas a partir de la experiencia del fin de la promesa ontoteológica; consecuentemente, todos ellos, también, se constituyen como textos a partir de una experiencia básica o extrema de pérdida del fundamento que de una forma u otra tematizan; por último, todos ellos hacen del lugar de la pérdida el lugar de una cierta recuperación, siempre precaria e inestable, pues siempre constitutida sobre un abismo", *Tercer Espacio: Literatura y Duelo en América Latina.* Santiago: Universidad Arcis, 1999, 25.

[36] El estudio clásico sobre el don es el de Marcel Mauss, *The Gift. The Form and Reason for Exchange in Archaic Societies.* New York: Norton, 1990. Ver también Jacques Derrida, *Donner les temps.1. La fausse monnaie.* Paris: Galilée,1994.

POSFACIO

Comunidad: disfrutada por varios sin pertenecer
a ninguno en particular.
Diccionario de la Real Academia Española

En "El aleph" Borges postulaba la necesidad de interrumpir una noción inmanente de comunidad al exponer los límites de los conceptos que hacían posible la inscripción de lo literario en una economía que a lo largo de este estudio he llamado la búsqueda de la identidad. En "El congreso" (1975) Borges reescribe este relato[1] y al hacerlo plantea la posibilidad misma de una comunidad formulada y postulada en su disolución e indefinición; una comunidad del disenso, como diría Giorgio Agamben.[2]

"El congreso" relata los planes de una "sociedad secreta" para establecer un "Congreso del Mundo" que "representaría a todos los hombres de todas las naciones."[3] Bajo el liderazgo de un terrateniente rico, la sociedad se reúne semanalmente para planear la futura fundación del congreso que debería tener lugar en un lapso de cuatro años. Algunos miembros de la sociedad, como es el caso del narrador, viajan para investigar el lenguaje y los libros que mejor representarían al mundo.

La cuestión de la representación y de sus múltiples acepciones (política, filosófica y artística) constituye la problemática central del relato; problemática que se despliega en diferentes niveles paralelos. Un primer nivel trata de las dudas y reparos del narrador, quien no se siente calificado para tal empresa dada su falta de experiencia literaria y de su poca habilidad narrativa para representar los planes de la sociedad. Su incertidumbre también proviene del hecho de que narrar implicaría hacer público un secreto jurado. En un segundo nivel, el relato plantea una serie de problemas epistemológicos y ontológicos inherentes a las formas de representación política del futuro congreso:

> Twirl, cuya inteligencia era lúcida, observó que el Congreso presuponía un problema de índole filosófica. Planear una asamblea que representara a todos los hombres era como fijar el número exacto de los arquetipos platónicos, enigma que ha atareado durante siglos la perplejidad de los pensadores. Sugirió que, sin ir más lejos, don Alejandro Glencoe podía representar a los hacendados, pero también a los orientales y también a los grandes precursores y también a los hombres de barba roja y a los que están sentados en un sillón. Nora Erfjord era noruega. ¿Representaría a las secretarias, a las noruegas o simplemente a todas las mujeres hermosas? ¿Bastaba un ingeniero para presentar a todos los ingenieros, incluso los de Nueva Zelandia? [C 24]

El relato formula el problema que el declinar mismo de la nación como garante de identidades personales y colectivas exhibe. Si el "yo" que ha sido siempre definido en términos de un "nosotros" colectivo ya carece de un referente estable y fundado, ¿cómo entonces pensar la noción de identidad y la de su necesaria representación? Es decir, si el arquetipo o modelo esencial no puede ser establecido como fundamento o base de la representación, la noción de mediación, de aquello que vendría a funcionar como el vehículo entre el modelo y la copia, deviene problemática.

Como en muchos relatos de Borges en los que se aíslan series de conceptos, categorías u objetos, en "El congreso" ningún criterio en común viene a unificar los elementos heterogéneos que los componen. En el caso de Glencoe, por ejemplo, si bien es posible decir que éste es representativo de una clase, de una nación, de una generación, o de ciertos atributos físicos, la mención de la frase "los que están sentados en un sillón" socava, por su carácter absurdo, la pertinencia misma de todas las otras categorías tradicionales de representación.

En la medida en que "el Congreso del Mundo" se propone "representar a los hombres de todas las naciones" no sin poner en escena las dificultades e imposibilidades de tal representación, ¿está el relato postulando que una comunidad no-identificable, no idéntica pueda ser representada? La respuesta sería negativa si por representación entendemos un proceso de fijación, estabilización o definición de aquello que no puede o rechaza ser concebido bajo dichas modalidades. Como vimos en el capítulo IV, en "El aleph" se socava el fundamento del régimen de la representación. Borges plantea una poética de la escritura que no depende de la simple postulación de identidad alguna, independientemente de si la identidad es caracterizada en términos literarios, nacionales, lingüísticos, económicos o literarios. En "El congreso" se pone en escena la posibilidad de pensar la comunidad a partir de dicha ausencia de fundamento.

Aunque dos de los miembros de la sociedad son enviados a investigar cuál debería ser el lenguaje oficial del "Congreso del Mundo," ese lenguaje nunca es hallado. Además, el sitio que serviría como su centro de operaciones (tierras no del todo localizadas, en algún lugar entre Uruguay y Brazil) es vendido; la biblioteca que iba a contener todos los libros del mundo y que se hallaba en el sótano de la casa del presidente es destruida. No hay, entonces, un elemento unificador que cohesione al congreso, ni tampoco es posible localizarlo dentro de ninguna de las concepciones modernas de una comunidad imaginada. El momento mismo que debía haber marcado su fundación se transforma en el fin de la "fundación" y en el "comienzo" de un mundo desde siempre ya comenzado: "la empresa que hemos acometido es tan vasta que abarca ... el mundo entero ... El Congreso del Mundo comenzó con el primer instante del mundo y proseguirá cuando seamos polvo" [C 31]. El congreso no puede ser representado porque como su "presidente" bien lo declara "no hay un lugar en que no esté" [C 31]; declaración ambigua y enigmática ya que acepta dos lecturas posibles: que el congreso no está en ninguna parte y, al mismo tiempo, en todas partes.

El congreso presupone un tipo de comunidad no-identificable, no-representable que, sin embargo, perdura, sobre-vive en las "representaciones" del narrador: "sin mayor esperanza, he buscado a lo largo de los años el sabor de esa noche; alguna vez creí recuperarla en la música, en el amor, en la incierta memoria, pero no ha vuelto, salvo una sola madrugada en un sueño" [C 32]. Sin embargo, esta representación pertenece al inconsciente y, por lo tanto, se sustrae al orden fenomenal, a lo que puede ser aprehendido por el saber y en tanto que objeto de representaciones.

En "El congreso", entonces, la comunidad aparece en su desaparecer; es una comunidad inconfesable que deja trazos de su existencia singular en la experiencia del narrador, a la manera de las ruinas de Benjamin que no pueden constituir una figura determinada y determinable, ni alcanzar una forma plena o total.[4] En el capítulo IV, dijimos que la problemática central de la escritura de Borges giraba en torno a la idea de que el lenguaje es al mismo tiempo algo compartido y algo intraducible, dado que éste rechazaba una noción de comunidad lingüística plena que viniera a asegurar la transmisión de sentido.

En "El congreso" Borges repite nuevamente, aunque con ciertas variaciones, lo que había afirmado por primera vez en "el aleph": "las palabras son símbolos que postulan una memoria compartida." Y sin embargo, el "momento" de la comunidad que marcó tanto el comienzo como el fin del congreso no puede ser compartido: "la que ahora quiero historiar es *mía solamente*; quienes la compartieron han muerto" [C 31, la negrilla es nuestra]. En Borges, el lenguaje es la condición de posibilidad de la comunidad *y*, al mismo tiempo, es su condición de imposibilidad. Como lo señalamos más arriba, el narrador, debe recurrir a los trazos de una experiencia que "aconteció" en un sueño.

Es por esta misma razón que la narración del congreso es deficiente; deficiencia que subraya las limitaciones de la narración en general. Tradicionalmente, la narración ha sido concebida como una relación de hechos que consiste en un comienzo, un nudo y un desenlace o fin y se caracteriza por un movimiento progresivo que hace de la narración el medio privilegiado para adquirir conocimiento.[5] Como Anderson y Bhabha lo han demostrado, la narración ha sido la modalidad expresiva privilegiada por las comunidades nacionales ya que da forma y consistencia (cuerpo) a la comunidad *y*, al mismo tiempo, sienta los fundamentos y cimientos de la colectividad.

Sin embargo, "El congreso" es un testimonio de la imposibilidad de la narración. Borges expone la imposibilidad misma de escribir desde una noción de identidad, sea esta fundacional o no, o desde la perspectiva de un sujeto auto-conciente y magisterial. Borges saca de raíz la dimensión política de la escritura y hace de este desarraigo nuestro ser en común. El congreso toca lo Real al que Lacan se refiere, el agujero irrepresentable e inlocalizable que elude a la racionalidad instrumental y que hace posible un pensar de la comunidad fuera de formas ya sedimentadas.[6]

La lectura ha sido una de las problemáticas centrales de *Dislocaciones Culturales* y se puede decir que Borges lleva hasta sus posibilidades últimas las modalidades por las cuales la escritura siempre excede las teorías misma que pretenden explicarla, interpretarla, aprehenderla y delimitarla. Pero como lo vimos en nuestras lecturas de los textos de Carpentier, Martínez Estrada y Paz en los capítulos precedentes, la escritura también se revela como algo insuficiente o excesivo en relación con el proyecto que debe llevar a buen término. Abordado como ejemplo, modelo o representación, es decir, como un "objeto" discursivo, los escritores considerados en este estudio han hecho palpable que el texto nunca está a la altura de las expectativas de la crítica o, como en el caso de Carpentier, las del mismo escritor.

Si, como lo hemos señalado, la búsqueda de la identidad ha sido el paradigma más persistente de la producción crítica y cultural latinoamericana, entonces la figura del viaje en Carpentier, las aporías de la traducción en Borges y Martínez Estrada, y el carácter ambiguo del ejemplo en Paz, nos recuerdan una y otra vez aunque de diversas maneras y a menudo de una forma contradictoria, que la tarea del lector consiste en una vigilancia extrema ante la posible re-fundación de los conceptos que los textos insistentemente desmantelan. Leer, entonces, se convierte en una operación de desarraigo abierta a una errancia permanente que, sin embargo, hace posible la escucha de la singularidad de los textos literarios.

Notas

¹ Las alusiones a "El aleph" son mumerosas: Beatriz reaparece como amante del narrador; la biblioteca del futuro congreso se encuentra en un sótano que luego es destruido; la cuestión de un "lenguaje compartido" vuelve a ser interrogada.

² Me estoy refiriendo aquí a Giorgio Agamben, *The Coming Community*. Minneapolis: Minnesota, 1993.

³ Jorge Luis Borges, "El congreso," *El libro de arena* en *Obras Completas III*. Buenos Aires: Emecé, 1989, 23. De aquí en más, toda referencia a este texto será dada parentéticamente con C.

⁴ Sobre el concepto de ruina en Benjamin, ver su *The Origin of German Tragic Drama* y "Central Park."

⁵ Ver J. H. Miller, *Reading Narrative*. Norman: University of Oklahoma Press, 1998.

⁶ Sobre las relaciones entre lo Real y lo político, ver Slavoj Zizek, *The Ticklish Subject*. London: Verso, 1999.

BIBLIOGRAFÍA

Adam, Carlos. *Bibliografía y documentos de Ezequiel Martínez Estrada*. La Plata: Universidad Nacional de la Plata, 1968.
Adorno, Theodor and Max Horkheimer. *The Dialectic of the Enlightenment*. New York: Continuum, 1988.
Agamben, Giorgio. *The Coming Community*. Minneapolis: Minnesota, 1993.
Aguilar Mora, Jorge. *La divina pareja. Historia y mito. Valoración e interpretación de la obra ensayística de Octavio Paz*. México: Ediciones Era, 1978.
Alonso, Carlos. *The Spanish American Regional Novel, Modernity and Autochthony*. Cambridge: Cambridge University Press, 1990.
. *The Burden of Modernity. The Rhetoric of Cultural Discourse in Spanish America*. Oxford: Oxford University Press, 1998.
Altamirano, Carlos and Beatriz Sarlo. *Ensayos argentinos: De Sarmiento a la vanguardia*. Buenos Aires: CEAL, 1983.
Anderson, Benedict. *Imagined Communities: Reflections on the Origin and Spread of Nationalism*. London: Verso, 1983.
Apter, Emily. *Continental Drift: From National Characters to Virtual Subjects*. Chicago: University of Chicago Press, 1999.
Arendt, Hannah. *The Origins of Totalitarianism*. New York: Harvest/HBJ, 1968.

Badiou, Alain. *Manifesto for Philosophy.* Albany: SUNY, 1999.
Balibar, E. and E. Wallerstein. *Race Nation, Class: Ambiguous Identities.* London: Verso, 1991.
Bastos, Maria Luisa. *Borges ante la crítica argentina, 1923-1960.* Buenos Aires: Ediciones Hispamérica, 1974.
Bello, Andrés. "Gramática castellana." *Obras Completas.* Caracas, 1951.
Benjamin, Walter. *Illuminations.* New York: Schoken Books, 1969.
Bhabha, Homi, ed. *Nation and Narration.* London: Routledge, 1990.
Blanchot, Maurice. *La conversation infini.* Paris: Gallimard, 1969.
. *Le pas au-dela.* Paris: Gallimard, 1973.
. *L'espace littéraire.* Paris: Gallimard, 1955.
. *La communauteé inavouable.* Paris: Minuit, 1983. *La comunidad inconfesable.* David Huerta, trad. México: Vuelta, 1992.
Borges, Jorge Luis. *El idioma de los argentinos.* Buenos Aires: Seix Barral, 1994.
. *Leopoldo Lugones.* Buenos Aires: Troquel, 1955.
. *Obras Completas.* Vol. I, II and III. Buenos Aires: Emecé, 1974.
. *Obras Completas.* Vol. IV. Buenos Aires: Emecé , 1996.
. Prólogo, *El Hacedor.* Buenos Aires: Emecé, 1960.
Cadava, Eduardo. *Words of Light: Theses on the Photography of History.* Princeton: Princeton University Press, 1997.
Canto, Patricio. *El caso Ortega y Gasset.* Buenos Aires: Ediciones Leviatán, 1958.
Carpentier, Alejo. *Obras Completas.* Vol. 2. Mexico: Siglo XXI, 1997.
. *Obras Completas.* Vol. 10 and 11. Mexico: Siglo XXI, 1987.
. *Razón de ser. Ensayos.* Mexico: Siglo XXI, 1990.
. *Tientos, diferencias y otros ensayos.* Barcelona: Plaza y Janés Editores, 1987.
Castoriadis, Cornelius. *The Imaginary Institution of Society.* Cambridge: Polity Press, 1972.
Chiampi, Irlemar. *Barroco y modernidad.* México: FCE, 2000.
Colás, Santiago. ""Dangerous Southern Islands": Modern Aesthetics as Anaestethics in Carpentier's *The Lost Steps* and Borges's 'The South.'" *Modernism and its Margins: Reinscribing*

Cultural Modernity from Spain and Latin America, edited by A. Geist and J. Monleón. New York: Garland, 1999.

Concha, Jaime. "El Aleph: Borges y la historia." *Revista Iberoamericana*, vol. 49 (Abr-Sept 1983).

Contreras, Sandra. "Variaciones sobre el escritor argentino y la tradición." *Borges ocho ensayos.*, S. Cueto, A. Giordano y otros. Rosario: Beatriz Viterbo Editora, 1995.

De la Campa, Román. *Latin Americanism*. Minneapolis: University of Minnesota Press, 1999.

Deleuze, Gilles. "Pensée Nomade." *Nietzsche aujoud'hui*. Paris: UGE, 1973.

Deleuze, Gilles and Félix Guattari. *Kafka: Toward a Minor Literature*. Minneapolis: University of Minnesota Press, 1986.

. *A Thousand Plateaus. Capitalism and Schizophrenia*. Minneapolis: University of Minnesota Press, 1987.

De Man, Paul. *The Resistance to Theory*. Minneapolis: University of Minnesota Press, 1986.

. *Blindness and Insight. Essays in the Rhetoric of Contemporary Criticism*. Minneapolis: University of Minnesota Press, 1983.

Derrida, Jacques. *Dissemination*. B. Johnson, trad. Chicago: University of Chicago Press, 1981.

. *Of Grammatology*. G. Spivak, trad. Baltimore: Johns Hopkins University Press, 1997.

. *The Post Card*. Alan Bass. trad. Chicago: University of Chicago Press, 1987.

. *The Other Heading. Reflections on Today's Europe*. P. Brault y M. Nass, trad. Bloomington: Indiana University Press, 1992.

Espinoza, Enrique, ed. "Notas del compilador". En Ezequiel Martínez Estrada, *Para una revisión de las letras argentinas prolegómenos.* Buenos Aires: Losada, 1967.

Fioretos, Aris. "Contraction (Benjamin, Reading, History)." *MLN*, vol. 110 (1995).

Ford, Aníbal y J.B. Rivera. *Medios de comunicación y cultura popular*. Buenos Aires: Legasa, 1987.

Franco, Jean. "The Nation as Imagined Community." *The New Historicism*. H. Aram Veeser, ed. New York: Routledge, 1989.

García Canclini, Néstor. "¿Habrá cine latinoamericano en el año 2000? La cultura visual en la época del postnacionalismo." *Domingo* 21 (México), Febrero 1993.
. *Imaginarios Urbanos*. Buenos Aires: EUDEBA, 1997.
Gasché, Rodolphe. *The Tain of the Mirror: Derrida and the Philosophy of Reflection*. Cambridge: Harvard University Press, 1986.
Gelley, Alexander, ed. *Unruly Examples. On the Rhetoric of Exemplarity*. Stanford: Stanford University Press, 1995.
Germani, Gino. *Estructura social de la Argentina: Análisis estadístico*. Buenos Aires: Editorial Raigal, 1955.
González, Eduardo. *Alejo Carpentier: el tiempo del hombre*. Caracas: Monte Avila, 1978.
González Casanova, Pablo, coord. *América Latina: Historia de Medio Siglo. 2. Centroamérica, México y el Caribe*. Mexico: Siglo XXI, 1981.
González Echevarría, Roberto. *The Voice of the Masters. Writing and Authority in Modern Latin American Literature*. Austin: University of Texas Press, 1985.
. *Alejo Carpentier: The Pigrim at Home*. Ithaca: Cornell University Press, 1990.
Gramuglio, María T. "Literatura y nacionalismo: Leopoldo Lugones y la construcción de imágenes de escritor." *Hispamérica*, no. 64/65 (Abril/agosto 1993).
Gramuglio, María T. y B. Sarlo, *Martín Fierro y su crítica*. Buenos Aires:CEAL, 1980.
Habermas, Jürgen. *The Philosophical Discourse of Modernity*. Cambridge: MIT, 1990.
Halperín Donghi, Tulio. *Argentina: la democracia de masas*. Buenos Aires: Paidós, 1986.
Hardt, Michael and Antonio Negri, *Empire*. Cambridge: Harvard University Press, 2000.
Heidegger, Martin. "The Age of the World Picture." *The Question Concerning Technology and other Essays*. W. Lovitt, trans. New York: Harper and Row, 1977. ["La época de la imagen del mundo", trad. A. Wagner de Reyna. Santiago: Ediciones de los Anales de la Universidad de Chile, 1958.]

Hénaff, Marcel. *Claude Lévi-Strauss and the Making of Structural Anthropology*. Minneapolis: University of Minnesota Press, 1998.

Henríquez Ureña, Pedro. *Las corrientes literarias en la América Hispana*. México: FCE, 1954.

Hill, Leslie. *Blanchot. Extreme Contemporary*. London: Routledge, 1997.

Hozven, Roberto. *Octavio Paz. Viajero del Presente*. México: El Colegio Nacional, 1994.

Irigaray, Luce. *Speculum of the Other Woman*. Ithaca: Cornell University Press, 1985.

Jay, Martin. *Downcast Eyes*. Berkeley: University of California Press, 1994.

Jitrik, Noé. *Leopoldo Lugones: Mito Nacional*. Buenos Aires: Palestra, 1960.

Kadir, Djelal. *Questing Fictions: Latin America's Family Romance*. Minneapolis: University of Minnesota Press, 1986.

Keenan, Thomas. *Fables of Responsibilities. Aberrations and Predicaments in Ethics and Politics*. Stanford: Stanford University Press, 1997.

King, John. *Sur: A Study of the Argentinian Literary Journal and the Development of a Culture*. Cambridge: Cambridge University Press, 1986.

Krieger, Murray. "The Semiotic Desire for the Natural Sign: Poetic Uses and Political Abuses". *The States of Theory*. D. Carroll, ed. Stanford: Stanford UP, 1998.

Kristeva, Julia. *Strangers to Ourselves*. New York: Columbia University Press, 1991.

. *Nations Without Nationalism*. New York: Columbia University Press, 1993.

Lacan Jacques. *Ecrits* Paris: Seuil, 1966.

Laclau, Ernesto. *Emancipation(s)*. London: Verso, 1996.

Lacoue-Labarthe, Phillipe. *Heidegger, Art and Politics*. Oxford: Basil Blackwell, 1990.

Lévesque, Claude. *L'étrangeté du texte*. Montreal: VLB éditeur, 1976.

Lévi-Strauss, Claude. *A View from Afar*. Chicago: University of Chicago Press, 1993.

Levinson, Brett. *Secondary Moderns. Mimesis, History and Revolution in Lezama Lima's "American Expression."* Lewisburg: Bucknell University Press, 1996.
López-Baralt, Mercedes. "Los pasos encontrados de Levi-Strauss y Alejo Carpentier: literatura y antropología en el siglo veinte." *Revista del Centro de Estudios Avanzados de Puerto Rico y el Caribe*, vol. 7 (Jul-Dec. 1988).
Lugones, Leopoldo. *El payador.* Caracas: Biblioteca Ayacucho, 1979.
Ludmer, Joséfina. *El género gauchesco. Un tratado sobre la patria.* Buenos Aires: Sudamericana, 1988.
Lyotard, Jean-Francois. *The Postmodern Condition: A Report on Knowledge.* Minneapolis: University of Minnesota Press, 1984.
MacCannell, Dean. *The Tourist. A New Theory of the Leisure Class.* New York: Schocken Books, 1976.
Martínez, Guillermo. "Rescate de unas cartas obscenas," *Clarín. Cultura y Nación.* (Buenos Aires), 22 agosto 1999.
Martínez Estrada, Ezequiel. *La cabeza de Goliat.* Buenos Aires: CEAL, 1981.
. *Muerte y transfiguración de Martín Fierro. Ensayo de interpretación de la vida argentina.* Buenos Aires: CEAL, 1983.
. *El mundo maravilloso de Guillermo Enrique Hudson.* México: FCE, 1951.
. *Radiografía de la pampa.* Buenos Aires: Losada, 1976.
. *Sarmiento.* Buenos Aires: Argos, 1946.
. *En torno a Kafka y otros ensayos.* E. Espinoza, ed. Barcelona: Seix Barral, 1967.
Masiello, Francine. *Las escuelas argentinas de vanguardia.* Buenos Aires: Hachette, 1986.
Mauss, Marcel. *The Gift. The Form and Reason for Exchange in Archaic Societies.* New York: Norton, 1990.
Mead, Robert. *Breve historia del ensayo en la América Hispana.* México: DeAndrea, 1956.
Meyer, Doris, ed. *Reinterpreting the Spanish American Essay. Women's Writing of the 19th and 20th Centuries.* Austin: University of Texas Press, 1995.

Miller, J. Hillis. "Literary Study in the Transnational University." *Black Holes. J. Hillis Miller; or, Boustrophedonic Reading.* Manuel Asensi, ed. Stanford: Stanford University Press, 1999.
. *Reading Narrative.* Norman: University of Oklahoma Press, 1998.
Millington, Mark. "Gender Monologue in Carpentier's *Los pasos perdidos.*" *MLN,* vol. 111 (1996).
Molloy, Sylvia. *Las letras de Borges y otros ensayos.* Rosario: Beatriz Viterbo Editora, 1999.
. *At Face Value: Autobiographical Writing in Spanish America.* New York: Cambridge University Press, 1991.
Montaldo, Graciela. *De pronto, el campo. Literatura argentina y tradición rural.* Rosario: Beatriz Viterbo Editora, 1993.
Monteleone, Jorge. "Lugones: Canto Natal del Héroe." *Historia social de la literatura argentina: Yrigoyen, entre Borges y Arlt (1916-1930).* G. Montaldo, ed. Buenos Aires: Contrapunto, 1989.
Moreiras, Alberto. "Pastiche Identity, and Allegory of Allegory." *Latin American Identity and Constructions of Difference.* Amaryll Chanady, ed. Minneapolis: University of Minnesota Press, 1993.
. "Alternancia México/Mundo en la posición crítica de Octavio Paz." *Nueva Revista de Filología Hispánica* (México), 1987.
. *Tercer Espacio: Literatura y Duelo en América Latina.* Santiago: Universidad Arcis, 1999.
Nancy, Jean Luc. *The Inoperative Community.* Minneapolis: University of Minnesota Press, 1991.
Nass, Michael. "Stumping the Sun: Toward a Postmetaphorics." *Cultural Semiosis: Tracing the Signifier.* Hugh Silverman, ed. New York: Routledge, 1998.
Panesi, Jorge. *Críticas.* Buenos Aires: Norma, 2000.
Paz, Octavio. *Obras Completas.* Vol. 1 and 8. México: FCE, 1994.
. *Traducción: literatura y literalidad.* Barcelona: Tusquets Editores, 1971.
Pease, Donald, ed. *National Identities and Post-Nationalist Narratives.* Durham: Duke University Press, 1994.
. "National Narratives, Postnational Narration". *Modern Fiction Studies* 43.1(1997): 1-23.

Pérez Firmat, Gustavo. "El lenguaje secreto de *Los pasos perdidos*." *MLN*, vol. 99 (1984).
Perosio, Graciela y N. Rivarola, "Ricardo Rojas. Primer Profesor de la literatura argentina." *Historia de la literatura argentina*. Vol. III Buenos Aires: CEAL, 1981.
Piglia, Ricardo. "Existe la novela argentina?" *Crítica y ficción*. Buenos Aires: Siglo Veinte, 1990.
Pratt, Mary Louise. *Imperial Eyes. Travel Writing and Transculturation*. London: Routledge, 1992.
Prieto, Adolfo. *Los viajeros ingleses y la emergencia de la literatura argentina*. Buenos Aires: Editorial Sudamericana, 1996.
Quiroga, José. *Understanding Octavio Paz*. Columbia: University of South Carolina Press, 1999.
Rama, Angel. *Los gauchipolíticos rioplatenses*. Buenos Aires: CEAL, 1982.
——. *Transculturación narrativa en América Latina*. México: Siglo XXI, 1982.
Ramos, Julio. *Desencuentros de la modernidad en América Latina. Literatura y política en el siglo XIX*. México: FCE, 1989.
Rancière, Jacques. *On the Shores of Politics*. Liz Heron, trad. London: Verso, 1995.
——. *Dis-agreement: Politics and Philosophy*. Julie Rose, trad. Minneapolis: University of Minnesota Press, 1999.
Rest, Jaime. *El cuarto en el recoveco*. Buenos Aires: CEAL, 1982.
——. *Literatura y cultura de masas*. Buenos Aires: CEAL, 1967.
Ritvo, Juan B. *La edad de la lectura*. Rosario: Beatriz Viterbo Editora, 1992.
Romano, Eduardo y Abel Posada, et. al., *La cultura popular del peronismo*. Buenos Aires: Editorial Cimarrón, 1974.
Romero, José Luis. *Latinoamérica: las ciudades y las ideas*. México: Siglo XXI, 1976.
Ropars-Wuilleumier, Marie-Claire. *L'idée d'image*. Vincennes: PUV, 1995.
Rosman, Silvia. "The Nation in Translation: Of Travelers, Foreigners and Nomads." *Latin American Literary Review*, vol. XXVI.51 (1998).

Rowe, John Carlos, ed. *Post-Nationalist American Studies*. Berkeley: University of California Press, 2000
Rubione, Alfredo. "Prólogo". Ezequiel Martínez Estrada, *La cabeza de Goliat*. Buenos Aires: CEAL, 1981.
Saer, Juan José. *El concepto de ficción*. Madrid: Alianza, 1991.
. *El río sin orillas*. Buenos Aires: Ariel, 1997.
Said, Edward. *Culture and Imperialism*. New York: Alfred A. Knopf, 1993.
Santí, Enrico Mario. *El acto de las palabras. Estudios y Diálogos con Octavio Paz*. México: FCE, 1997.
Sarduy, Severo. *Ensayos generales sobre el barroco*. México: Siglo XXI, 1987
. "Barroco y neobarroco." *América Latina en su literatura*. C. Fernández Moreno, ed. México: Siglo XXI, 1972.
Sarlo, Beatriz. *Una modernidad periférica. Buenos Aires, 1920 y 1930*. Buenos Aires: Nueva Visión, 1988.
. *Borges, un escritor en las orillas*. Buenos Aires: Ariel, 1995.
Sarmiento, D. F. *Facundo o civilización y barbarie en las pampas argentinas*. Buenos Aires: CEAL, 1979.
Scholem, Gershom. *Kabbalah*. New York: Penguin, 1978.
Stabb, Martin S. *In Quest of Identity: Patterns in the Spanish American Essay of Ideas, 1890-1960*. Chapel Hill: University of North Carolina Press, 1967.
Subirats, Eduardo. *Figuras de la conciencia desdichada*. Madrid: Taurus, 1979.
Taylor, Karen. "La creación musical en *Los pasos perdidos*." *Nueva Revista de Filología Hispánica*, vol. 26 (1977).
Van Den Abbeele, Georges. *Travel as Metaphor: From Montaigne to Rousseau*. Minneapolis: University of Minnesota Press, 1992.
Viñas, David. *Literatura argentina y política. De Lugones a Walsh*. Buenos Aires: Ed. Sudamericana, 1996.
Vitier, Medardo. *Del ensayismo americano*. México: FCE, 1945.
Warminski, Andrej. *Readings in Interpretation. Holderlin, Hegel, Heidegger*. Minneapolis: University of Minnesota Press, 1987.
Weber, Samuel. *Mass Mediarus. Form, Technics, Media*. Stanford: Stanford University Press, 1996.

Weinberg de Magis, Liliana. *Ezequiel Martínez Estrada y la interpretación del Martín Fierro*. México: UNAM, 1992.

Xirau, Ramón. *Octavio Paz: el sentido de la palabra*. México: J. Mortiz, 1970.

Zerilli, Linda M. G. "The Universalism Which is Not One." *Diacritics* 28. 2 (1998).

Ziarek, Ewa. "The Beauty of Failure": Kafka and Benjamin on the Task of Transmission and Translation". *Unruly Examples. On the Rhetoric of Exemplarity*. A. Gelley, ed. Stanford: Stanford University Press, 1995.

Zizek, Slavoj. *For They Know Not What They Do. Enjoyment as a Political Factor*. London: Verso, 1991.

——. *The Ticklish Subject*. London: Verso, 1999.

Zuleta Alvarez, Enrique. "Borges, Lugones y el nacionalismo." *Cuadernos Hispanoamericanos: Revista Mensual de Cultura Hispánica* (Madrid). (Julio-Sept. 1992): 505-507, 535-49.

ÍNDICE

Introducción
La búsqueda interrumpida: nación, sujeto, comunidad
en la literatura y cultura latinoamericanas ..7

Capítulo I
Viaje y teoría en *Los pasos perdidos*
de Alejo Carpentier ..33

Capítulo II
Imagen, historia, tradición: las alter-naciones
de Ezequiel Martínez Estrada ..57

Capítulo III
Ser mexicano, por ejemplo: Octavio Paz
y la dialéctica de la universalidad ..83

Capítulo IV
Los nombres imposibles:
lectura y traducción en Borges ..107

Posfacio ..139

Bibliografía ..145

**Otros títulos en
Biblioteca Ensayos Críticos**

Las letras de Borges y otros ensayos
por Sylvia Molloy

*Literaturas indigentes y placeres bajos.
Felisberto Hernández, J.Rodolfo Wilcock, Virgilio Piñera*
por Reinaldo Laddaga

*El abrigo de aire.
Ensayos sobre literatura cubana,*
por Mónica Bernabé, Antonio José Ponte
y Marcela Zanin

Manuel Puig: la conversación infinita,
por Alberto Giordano

*Variaciones vanguardistas.
La poética de Leónidas Lamborghini*
por Ana Porrúa

*Andares clancos.
Fábulas del menor en
Osvaldo Lamborghini, J.C. Onetti, Rubén Darío,
J. L. Borges, Silvina Ocampo y Manuel Puig*
por Adriana Astutti

*Desencuadernados.
Vanguardias ex-céntricas en el Río de la Plata.
Macedonio Fernández y Felisberto Hernández*
por Julio Prieto

La dicha de Saturno.
Escritura y melancolía en la obra de Juan José Saer
por Julio Premat

Las vueltas de César Aira
por Sandra Contreras

Fulguración del espacio.
Letras e imaginario institucional de la
revolución cubana (1960-1971)
por Juan Carlos Quintero Herencia

La dorada garra de la lectura.
Lectoras y lectores de novela en América Latina
por Susana Zanetti

Gabriela Mistral
Una mujer sin rostro
por Lila Zemborain

Geografías imaginarias
El relato de viajes
y la construcción del espacio patagónico
por Ernesto Livon-Grosman

Las vanguardias en la encrucijada modernista:
la poesía concreta brasileña,
por Gonzalo Aguilar

Biblioteca Estudios Culturales

Las culturas de fin de siglo en América Latina,
por Josefina Ludmer (comp.)

Humor, nación y diferencias.
Arturo Cancela y Leopoldo Marechal,
por Ana María Zubieta

médicos maleantes y maricas.
Higiene, criminología y homosexualidad
en la construcción de la nacionalidad
(Buenos Aires 1871-1914),
por Jorge Salessi

Hacia una poética radical.
Ensayos de hermenéutica cultural,
por William Rowe

Memoria colectiva y políticas de olvido.
Argentina y Uruguay, 1970-1990,
por Adriana Bergero y Fernando Reati (comps.)

Mundo Nuevo.
Cultura y guerra fría en la década del 60,
por María Eugenia Mudrovcic

Entre civilización y barbarie.
Mujeres, Nación y Cultura literaria
en la Argentina moderna,
por Francine Masiello

Imágenes de vida, relatos de muerte.
Eva Perón: cuerpo y política
por Paola Cortés Roca y Martín Kohan

Juegos de seducción y traición
Literatura y cultura de masas
por Ana María Amar Sánchez

Mapas de poder
Una arqueología literaria del espacio argentino
por Jens Anderman

Ficciones somáticas.
Naturalismo, nacionalismo y políticas médicas del cuerpo
(Argentina 1880-1910)
por Gabriela Nouzeilles

Identidades secretas: la negritud argentina
por Alejandro Solomianski

Memorias migrantes
Testimonios y ensayos sobre la diáspora uruguaya
por Abril Trigo

Martínez Estrada en
Beatriz Viterbo Editora

Paganini

El mundo maravilloso de
Guillermo Enrique Hudson

Sarmiento - Meditaciones Sarmientinas -
Los invariantes históricos en el Facundo

Se terminó de imprimir en el mes de octubre de 2003
en los Talleres Gráficos Nuevo Offset
Viel 1444, Capital Federal
Tirada: 700 ejemplares